ANJA RÜTZEL

TAKE THAT

Anja Rützel

TAKE THAT

KiWi MUSIKBIBLIOTHEK

SPIRITS MOVE ME, EVERYTIME I'M NEAR YOU

Am Ende blieb uns nur die Unterhose. Sie war schwarz, mit pinkfarbenem, großbuchstabigem Glitzeraufdruck, quer über den Hintern: *Could it be magic?*, stand darauf. Meine Schwester hatte sie nach dem Konzert am Merchandise-Stand gekauft, dann aber nicht zu unseren anderen Sachen in die Tasche gesteckt, sondern im Überschwang direkt über die Jeans gezogen, damit möglichst viele Menschen diese wichtige, vielleicht wichtigste Frage überhaupt lesen könnten: *Could it be magic, now? NOW? Now – and hold on fast! Could this be the magic, at last?*

Glänzender Laune waren wir so in eine Kneipe eingelaufen, hatten kurz (überraschend synchron) ein paar Elemente aus der *Pray*-Choreografie

(Den zweifelnden Kranich! Die Solo-La-Ola! Die Schwanke-Mumie!) gezeigt, dann getrunken. Und dabei nicht gemerkt, wie ein böser Mensch irgendwann unsere Tasche plünderte, die unter dem Barhocker lag, und mit unseren Jacken verschwand, die wir irgendwohin geknüllt hatten. Gerupft, ausgenommen, mit verschmierten Waschbäraugen und heillos betrunken schlurften meine Schwester und ich am Ende durch die Hamburger Nacht, aber wir waren sehr glücklich, so glücklich wie lange nicht. Denn wir hatten ja noch die Unterhose. Und *Take That* gesehen.

Ich liebe *Take That*. Nicht als Pose, nicht mit ironischem Schutzschürzchen oder aus pappig-leutseligem Wohlwollen ihrer scheinbaren Kunst gegenüber – gönnerhafte Popgoutierer, die nie etwas ernst nehmen, nie ihr Herz an offensichtlichen Quatsch verschenken können, sind die schlimmsten und ärmsten Menschen. Meine Liebe zu *Take That* hat keinen doppelten Distinktionsboden, und ich habe auch keinen jederzeit abspulbaren Kurzvortrag dazu einstudiert, warum man die Band als ästhetiktheoretisch interessierter Mensch schon allein wegen der Theatralik und Verspieltheit ihrer frühen Werke als dankbares Untersuchungsobjekt für eine struktural-semiotische Analyse des Konzeptes »Camp« sehen muss.

Ich liebe *Take That* für ihre schönen Lieder und für ihre albernen. Für das Leporello an Männlichkeitsideen, das sie vor mir auffalten, und natürlich für ihre Choreografien. Dafür, dass man sich zwar immer etwas Cooles zusammenlügt, wenn jemand beim überambitionierten Small Talk fragt, welcher Song einen verlässlich zum Tanzen bringt – aber in Wahrheit ist es eben doch für immer und ewig *Relight my Fire*. Ich liebe sie dafür, dass man, wenn man ehrlich ist, nicht viel mehr über die Liebe wissen muss, als in den Liedern von *Take That* vorkommt (wenn man die B-Seiten dazunimmt). *Take That* sind meine liebsten Fluchthelfer aus dem schrundigen Alltag, und an manchen, seltenen Tagen glaube ich wirklich daran, dass das Leben so dramatisch und toll sein kann, wie ihre Musik behauptet. Magic, möglicherweise.

Es war keine klassische, von pubertärer Verwirrung befeuerte Boybandbeschmachtung, die uns zusammenführte. Meine Liebe zu *Take That* gleicht eher einem neuseeländischen Langflossenaal. Sie ist langsam gewachsen und deshalb unverwüstlich. Bis zu hundert Jahre alt können diese olmigen Tiere werden, weil sie sich mit dem Großwerden reichlich Zeit lassen, ein organismusschonender Lifestyle. *Take That* und ich, das brauchte eine Weile. Ich mochte sie von Beginn an, warf mich ihnen jedoch nicht gleich an den Hals, als sie in ihren goldenen Jahren Anfang der Neunziger sieben Nummer-eins-Hits in Folge ablieferten, und als sie sich 1996 auflösten, fand ich das sehr schade, vergoss reflexhaft auch ein paar Tränen, verstrudelte mich aber nicht in ungezügeltem Herzschmerz. Mehr als um die Band trauerte ich damals um mein schönes schwarzes Herrenrad, das ungefähr zur selben Zeit verschwand, und auf dessen Querstange ich dekohalber und – da noch halb im Scherz – mit goldenem Nagellack die Vornamen aller *Take-That*-Mitglieder geschnörkelt hatte. Ich hatte das Rad irgendwann nachts irgendwo in Tübingen angekettet, und als ich es nur drei Monate später wieder abholen wollte, war es nicht mehr da, dafür eine klaffende Baugrube, mindestens so tief und dunkel wie die Leere in den Herzchen der verlassenen Fanmädchen. Noch mal ein paar Monate später musste ich dann deutlich heftiger weinen, weil meine Lieblingszeitschrift *Tempo* eingestellt wurde. Die Lieder von *Take That* trösteten mich, ich hörte sie inzwischen fast täglich. Und ein bisschen später merkte ich, dass ich mich mit Mitte zwanzig – also, gemessen am eigentlich vorgesehenen Zielgruppenalter, quasi als Greisin – in eine Boyband verknallt hatte, die gar nicht mehr existierte.

Natürlich habe ich durch meine späte Liebe einiges verpasst. In der Ur-Vollbesetzung, als TT5, wie man im korrekten Thatter-Lingo natürlich sagt, habe ich sie nie gesehen, immerhin mehrfach als TT4, nachdem Robbie gegangen war, später als TT4 plus 1, als Robbie kurzzeitig wiederkam, und schließlich als TT3, nachdem Jason irgendwann keinen Bock mehr hatte, immer nur dieses eine trutschige Liedchen über ein altes Ruderboot singen zu dürfen. Durch all diese Transformationen konnte ich zusehen, wie *Take That* als erste und einzige Boyband ihr eigenes Verfallsdatum überlebte. Sie löste sich auf und kehrte wieder, transformiert zur Manband, nicht auf einer letzten Cash-only-Abstaubetour, sondern sehr ernsthaft, noch erfolgreicher als in der Erstinkarnation – und womöglich ja tatsächlich: *for good*.

Pop ist kein nachhaltiges Business, sondern ein kapriziöser Pfau, leicht scheuchbar, und dass ausgerechnet eine Boyband, die ja naturgemäß als maximal zusammengeschraubt und retortig gilt, mit den Jahren tatsächlich in einen anderen Zustand reifen könnte, war bis dahin nicht vorgesehen. Boybands verschnabulierte man am besten jung, wie Brennnesseln, die zunächst zart und später eher unerfreulich sind. Oder wie Lämmchen, bevor die mit dem Alter unvermeidliche Hammelverranzung eintritt.

Die neuen, alten *Take Thats* können nicht nur noch immer sehr gut singen und tanzen, sie bringen vor allem etwas mit, das keine jugendliche Boyband der Welt besitzen kann, so ausgebufft ihr storytellender Gründungsmythos auch sein mag: Eine eigene Geschichte, jeder für sich, die zusammengebunden das große *Take-That*-Epos ergibt. Gary, Robbie, Mark, Howard und Jason, jeder von ihnen hat in der gereiften Altersvariante eine kleine Glückskekszettelweisheit, die mich rührt oder amüsiert.

Damit variiert *Take That* ein zentrales Genremerkmal. Nicht nur das Leben ist angeblich wie eine Pralinenschachtel, auch eine Boyband ist idealerweise nicht einfach nur einheitlich süß: In der perfekten Packung befindet sich zwar unbedingt mindestens ein kriminell überzuckertes Schmeckstückchen, zum Ausgleich aber auch eine herbere Variante. Dann eine komisch geformte Bohne, mit lustigem Likör gefüllt, daneben eine Praline, die aus fadester Milchschokolade besteht, aber in glitzerndes Goldpapier eingewickelt ist – und schließlich immer auch, so will es das international gültige Pralinengesetz, eine Süßigkeit, die einem nicht besonders schmeckt, die man aber trotzdem auch noch verschlingt, wenn man gerade schon mal dabei ist.

Mit ihrer zweiten, gereiften Variante haben *Take That* die erprobte Boyband-Gemütsdiversifizierungsformel (süß/sensibel/sexy/lustig/auch dabei) nun in eine Sammlung von Ideen verwandelt, wie man mit dem Älterwerden umgehen kann, fünf völlig verschiedene Konzepte des Erwachsenseins: Gary Barlow ist der klassische Heldenreisende, der nach allerhand Unsicherheiten und Gestrauchel in der ersten Lebenshälfte nun strahlend dort gelandet ist, wo er immer hinzugehören schien. Mark Owen ist der überraschend früh verknitterte Posterboy für das unausweichliche Verblühen, dem niemand entkommen kann, und das man am besten würdevoll annimmt, statt sich in hilflosen Restaurationsarbeiten zu ergehen. Robbie Williams ist der ausgestellte Wachstumsschmerz, der zeigt, dass es okay ist, auch im fortgeschrittenen Alter noch ein Schwankekandidat zu sein, weil man auch als Erwachsener unsicher sein darf wie ein Kind. Howard Donald lebt das unaufgeregt coole Uncool-Leben, indem er über Babyaufzuchtsqualen und Detoxblähungen twittert und trotzdem ein Popstar bleibt – weil man sich eben nicht zwischen Schnödheit und Glitzer entscheiden muss. Und Jason Orange ist das ausgebüxte Zirkuspferd, das sich trotz ewig abgetrabter Runden in der Manege doch den Mut bewahrt hat, noch einmal irgendwo irgendwas Neues anzufangen. Oder den Mut, einfach nichts zu tun und damit bestens klarzukommen, Chancen und Möglichkeiten vorbeirauschen zu lassen wie U-Bahnen, denen nur Verzweifelte und Würdelose hinterherrennen.

Zusammen bilden die fünf einen aufwändig musikalisch unterlegten Schnellkurs in Altersakzeptanz: *Everything changes* – and you, too! Welches der fünf Erwachsenen-Modelle überzeugt am meisten? Wäre man lieber ein Robbie oder ein Gary? Ist man ein Mark, obwohl man lieber ein Jason oder wenigstens ein Howard sein würde? Pop ist immer dann am größten, wenn etwas vom Glanz auf der Bühne auch auf einen selbst zurückspiegelt. Ein bisschen magic, now.

GARY BARLOW
DAS STEHAUF-WÄMPCHEN

Es muss die ultimative Demütigung sein, eine Düpierung deluxe: Angeblich hat Madame Tussauds Garys Wachsfigur wieder eingeschmolzen, als es nach der Trennung von *Take That* mit seiner Solokarriere gar nicht mehr gut lief und sich niemand mehr mit ihm fotografieren lassen wollte – um dann, sehr ressourcenumsichtig, aus seiner rückgewonnenen Rohmasse eine neue Britney Spears zu formen. Früher, sehr viel früher, reichte für einen solchen Schöpfungsakt noch eine einzelne Rippe.

Es ist eine von diesen Geschichten, die sich hartnäckig halten, obwohl sie wahrscheinlich nicht stimmen, bei denen der Wahrheitsgehalt aber letztlich egal ist: Weil es hier nicht darum geht, ob die Garyschmelze wahrhaftig vonstattenging, sondern darum, dass sich sehr viele Menschen an Legenden wie diesen ergötzen, die seinen Absturz so üppig verrüscht illustrieren. Gary plumpst vom Popthron, und alle amüsieren sich prächtig, wenn ein Schicksal auf Slapstickgröße zusammenschnurzelt.

Ich liebe Gary, weil ich bei seiner Geschichte voller Strauchler, Seufzer und Aufrappelmanöver nie ganz sicher bin, ob das noch wirkliches Leben oder schon eine Powerballade ist – und weil ich daraus gelernt habe, dass es in unangenehmen Lebensphasen zumindest ein bisschen helfen kann, wenn man sich vorstellt, dass man gerade einfach nur in einer doofen, aber dramaturgisch notwendigen Strophe feststeckt. Dass aber gleich der brausende Refrain käme, in dem sich alles Leid in Wohlgefallen auflösen würde oder man doch mindestens neue Kraft und Zuversicht aus dem ganzen Schlamassel destillieren könnte. In der Frühfassung von *Take That* war Gary der leicht angemopste, fatal blondierte Tapsetänzer, der nur deshalb in der Band sein durfte, weil er am besten sang – und der Einzige war, der tatsächlich selbst Hits schreiben konnte, ein echtes Alleinstellungsmerkmal für ein Boybandmitglied. Als sich die Band trennte, traute man ihm als Einzigem eine glänzende Solokarriere zu, doch bei der Chartrangelei mit Robbie zog er überraschend den Kürzeren und rauschte in die Bedeutungslosigkeit – um sich nach der Wiedervereinigung 2005 phönixmäßig auch als Solokünstler wieder nach oben zu wuchten. 2012 durfte Gary das offizielle Lied zum 60-jährigen Thronjubiläum der Queen komponieren. Und ist heute, mit fast fünfzig Jahren, der Schönste der noch verbliebenen drei *Take-That*-Männer (wenn man sie nach konventionellen Vitalitätsmaßstäben vermisst).

Gary ist ein Resilienzmonster. Davor habe ich Respekt, aber zugleich ein schlechtes Gewissen, darum muss hier am Anfang erst einmal eine Abbitte stehen. Denn auch ich habe Gary abgeschrieben, als alle anderen ihn abgeschrieben haben. Ich fand es zwar fies, aber habe eventuell kurz und gemein gelacht, als die schwarzherzige britische Boulevardpresse nach seiner gecrashten Solokarriere Ende der Neunzigerjahre fiese Schlagzeilen über ihn dichtete, als Gary sich monatelang zu Hause verschanzte, viel tröstenden Mampf verzehrte, was man sehr deutlich sehen konnte und dick gedruckten Hohn provozierte: *Relight my Fryer! Back for Pudding)! Take Fat!* (Es gab sogar zeitweilig eine *Take That*-Comedy-Coverband namens *Take Fat*, bestehend aus Gary Lardo, Blobbie Williams, Mark Growin, Howard McDonalds und Jason Chocolate Orange.) Ich habe Hoffnung, dass Gary mir vergibt, weil er inzwischen selbst Witze über diese Zeit macht, als großzügiger Schmunzler, weil er ja schon weiß, dass alles doch noch gut ausgeht: Er selbst nährt den Mythos der Tussauds-Geschichte im zweiten Band seiner Biografie. Und bemängelt dabei lediglich, dass sie aus seiner Wachspfütze anschließend nur Britney Spears gegossen haben, denn »es hätte doch auch für alle drei von *Destiny's Child* gereicht«.

Ich habe also an Gary gezweifelt, das tut mir sehr leid. Aber schon früher hatte ich manchmal mit ihm gefremdelt, weil er mir immer etwas beamtisch und humorlos erschien, was ganz simpel daran lag, dass er mehr sang und weniger tanzte – in den meisten Liedern sehnte, flehte und balzbockte er ganz ernsthaft die ferne Geliebte an, während die anderen im Chor »ohu-ohu-yeah«, »ahi-ahiaiii« oder andere lustige Käuzchenlaute machten und dazu synchron auf die Knie fielen oder eine Art verruchten Ententanz aufführten, was sie naturgemäß lustiger und lebhafter erscheinen ließ. Gary sang seine Lieder und überbrachte ernsthafte Botschaften, die anderen schnörkelten Buttercremekringel drumrum.

Vermutlich war Gary – zumindest zu Beginn – außerdem das einzige Bandmitglied, das die Sache wirklich ernst nahm. Robbie erinnerte sich noch Jahrzehnte später, wie Gary seinerzeit, als Teenager, zur Audition mit einem kleinen Köfferchen kam, in dem er seine selbst geschriebenen Lieder herumtrug. Schon mit elf Jahren hatte er sich ein Keyboard zu Weihnachten gewünscht und das von den Eltern alternativ angebotene BMX-Rad abgelehnt. Mit dreizehn trat er jeden Samstagabend im Connah's Quay Labour Club in North Wales auf und sang dort bevorzugt schmalzöse Klassiker wie *Wind beneath my wings*. Zwei Jahre später hatte er in der British Legion in Halton, einem Pub mit Bühne, vier Gigs pro Wochenende, in einer bingoseligen Sonntagsbraten-mit-Soße-Welt, und sang dort sein Programm in Bundfaltenhosen aus der Hölle und mit Rod-Stewart-Frisur wie von einem *Mini-Playback-Show*-Stylisten mit sehr schlechter Laune fabriziert.

In seine Setlist aus bekannten Klassikern mogelte er selbst geschriebene Lieder, um zu testen, wie sie bei seinem älteren Publikum ankamen. Tatsächlich sang er schon damals *Why Can't I Wake Up With You* und *A Million Love Songs*; Letzteres soll er der Legende nach in sechs Minuten geschrieben haben (für *Back for Good* sollte er Jahre später fünfzehn Minuten brauchen, allerdings mit Kaffeepause). Beide Lieder sind etwas zu melassig für meinen Geschmack, aber wie bei allen *Take-That*-Werken finde ich auch bei Liedern, die mir etwas weniger gut gefallen, einen Glitzerrand, der mich versöhnt. Bei *Why Can't I Wake Up with You* ist es das Video, das die Boys in tristen Schmachtsituationen zeigt: Am liebsten mag ich die Szenen mit Mark, der tranig auf dem Boden sitzt und versucht, Spielkarten in eine Blumenvase zu werfen. Bei *A Million Love Songs* mag ich den Textanfang:

Put your head against my life
What do you hear?

A million words just trying to make
The love song of the year.

Mir gefällt die Idee, wie der Erzähler stammelnd vor seiner Verknallten steht und sich in maulfaul hervorgemümmelten Liebesbröckchen verliert, bis sie beherzt »das Ohr gegen sein Leben presst« (nur eines von vielen, wunderbar schief-verquasten *Take-That*-Textbildern) und erlauscht, wie die Worte in der Kitschschublade knarzend und quietschend durcheinanderwuseln, sich immer wieder zu neuen Sätzen formieren, aber es will einfach nichts Gescheites dabei rauskommen. Seine Songwriting-Inspiration setzte sich damals zu gleichen Teilen aus den *Beatles* und Adam Ant zusammen, erzählte Gary irgendwann mal im Rückblick auf seine Jugendkompositionen, das ist überraschend exzentrisch und speist die Hoffnung, dass er irgendwo noch einen Schuhkarton bunkert, in dem er die weniger vanillösen, mehr Ant-lastigen Lieder verwahrt. Anfangs sah es nicht direkt danach aus, als habe die Musikbranche auf ihn gewartet: Mit sechzehn Jahren trug Gary ein Demotape zu einer Plattenfirma, der zuständige Talentscout hörte sich die Kassette zusammen mit ihm an, öffnete das Fenster und warf sie hinaus: »Komm niemals wieder her«, beschied er Gary. Das ist natürlich unnötig brutal, aber ich sympathisiere ein bisschen mit dem groben Plattenmann: Bei einem Redakteursjob, den ich hatte, bekam ich derart unerfreuliche Textentwürfe auf den Schreibtisch, dass ich mir irgendwann einen Holzstempel mit dem Schriftzug »Schlecht« anfertigen ließ, den ich mit Schmackes auf die miesen Manuskripte hauen konnte. Sie aus dem Fenster zu werfen, hätte nicht denselben Effekt gehabt, wir saßen im Erdgeschoss.

Dann bewarb sich Gary bei Nigel Martin-Smith, der zwar fand, dass Gary auf seinem PR-Foto – problematisch blondierter Stachelschnitt, freier Oberkörper, Pluderhosen, fast schon komödiantisch »verführerisch« auf ein Sofa gegossen – wie Annie Lennox aussah, aber von Garys *Million Love Songs* angetan war. Allerdings hielt er das Lied für die Coverversion eines Barry-Manilow-Songs, den er noch nicht kannte, also fragte er bei seinem 19-jährigen Bewerber nach: Wer ist das? – Na, ich. – Ja, aber wer hat das komponiert und arrangiert? – Na, auch ich.

Ich hatte lange keine Ahnung, wie Nigel Martin-Smith aussah oder sprach, und ich interessiere mich bis heute nicht dafür, wie gut oder schlecht er *Take That* managte, welchen Anteil er an Robbies Abgang und der Trennung hatte, denn ich liebe einfach seinen Namen. Man könnte sich keinen schöneren ausdenken, sollte man einen Popmanager für eine Vorabendserie erfinden. Ein Musikmastermind braucht einfach einen Namen, der schon leicht schwefelig nach Blutspakt klingt, finde ich. Ich ließ mich davon inspirieren, als ich einmal für ein paar Tage bei der Band *Locas in Love*, mit der ich befreundet bin, als Tourmanager einsprang. Ich entschied mich damals für einen Mix aus zwei anderen sehr guten Musikmanagernamen, Colonel Tom Parker und Malcolm McLaren, konnte allerdings nicht wirklich durchsetzen, dass ich während meiner kurzen Amtszeit tatsächlich verlässlich von allen mit Major Anja McRützel angesprochen wurde.

Nigel Martin-Smith wollte 1989 eine Band nach dem Vorbild der gerade sehr erfolgreichen US-Boygroup *New Kids on the Block* zusammenstellen – nur eine nettere, besser erzogene, britische Variante, denn *NKOTB* fand er schroff und arrogant und wunderte sich darum über ihren Erfolg. Wie groß würde erst eine Boyband werden, die auch noch freundlich und höflich zu Fans und Medien ist? Ich stelle mir Nigels Casting, das er in den Nachtclub La Cage in Manchester verlegt hatte, ein bisschen wie chirurgisch anspruchsvolle Frankensteinarbeit vor: Mit den ersten drei Mitgliedern Howard, Jason und Mark hatte er schon den Torso, die Beine und das Lächeln zusammengeschraubt, nun brauchte er noch einen musikalischen Organismus. Gary kam zum Vorsingen, besah sich das Material, das Nigel schon gesammelt hatte, und sagte einen Satz, den man sich ruhig merken kann, falls man wieder drauf und dran ist, über den eigenen Schwächen die Stärken zu vergessen: »I can't dance like that, but I can sing like this.«

Später kam noch Robbie dazu, der Nigels Anzeige in *The Sun* gelesen hatte – als Joker, im doppelten Wortsinn, denn ihm fiel die Rolle des Spaßmachers in der Band zu, einer der unverzichtbaren Boybandmitglied-Archetypen neben dem Ernsthaft-Sensiblen, dem Süßbert, dem sexy Körperzeiger und dem nicht weiter definierten anderen. In dieser Fünferaufstellung funktionierten *Take That* schließlich tatsächlich wie eine Pokemon-Gang, bei denen jedes einzeln seine Stärken hat, in denen es unschlagbar ist – echte Gewaltenteilung: Jason schafft keine Powerballade und Gary kann nicht an der Stange tanzen, aber das müssen sie ja nicht, weil sie einander haben. Wie die Scooby-Gang aus *Buffy, the Vampire Slayer*, wie die *Glücksbärchenbande*, wie bei den *Wombles*. Einzeln sind die Mitglieder von *Take That* interessante Charaktere, zusammengenommen kann man sie, mit einem kleinen Pathos-Ausfallschritt, am besten mit einer Zeile aus *Could it be magic* beschreiben: *Let me feel the wonder of all of you*. Oder, wie sich ein hohes Tier bei der Plattenfirma an den Moment erinnert, als Nigel Martin-Smith ihm seine fertig gebastelte Boyband präsentierte: »Ich war wirklich sehr beeindruckt von ihrem Teint und ihren individuellen Kinnlinien.«

Boybands folgen eben anderen Kriterien als sonstige musikalische Konstellationen. Vor allem wegen ihres explizit fabrizierten Charakters, ihrer unsentimentalen Geburt nach simpler Castinglogik, gelten sie vielen als unglaubwürdiger, schmalziger Bodensatz der Popgesellschaft, weil die Mitglieder eben nicht schon seit ewig authentische Rockbrüder sind und nicht bereits als Pickellümmel mit ihren Furzkissen gemeinsam den Konfirmationsunterricht terrorisierten. Wobei *Take That* mit Gary und Mark sowie Howard und Jason ja durchaus zwei ehemalige, zufällig gewachsene Kumpelkonstellationen fusionierte – die ersten beiden hatten schon vor *Take That* zusammen ein Bandprojekt, die anderen eine Tanzcrew. Die Boyband wird dafür gehasst, dass sie mit ihrem künstlich konstruierten Wesen daran erinnert, dass Musik den Mechanismen des Marktes unterworfen ist. Dass es Zielgruppenkalkulationen, Marktanalysen, strategische Images, einstudierte Gesten gibt, die ganzen Spielverderbereien wie bei den Bands anderer Genres auch – nur dass sie dort nicht so deutlich sichtbar sind. Boybands gelten als viel-, meist fünfköpfiges Mädchen-Schröpfmonster, es gibt ja sogar eine hydramäßige Tanzfigur, die gut dazu passt: Wenn alle Bandmitglieder hintereinander in einer Reihe stehen und dann abwechselnd links und rechts die Köpfe vorstrecken und mit den Armen zappeln, sehen sie wirklich aus wie ein kapitalismusgerecht gestriegeltes Multi-Gliedmaßen-Ungeheuer.

Ich fing an, mich für Boybands zu interessieren, weil das eine Sache war, die mich mit meiner Schwester Andrea verband. Sie ist sieben Jahre jünger und war darum auf dem Höhepunkt des größten Boybandhypes im absolut passenden Empfänglichkeitsalter. Andrea war stets bestens informiert, weil ihre beste Freundin großer Fan der *Kelly Family* war und darum die *Bravo* abonniert hatte. Diese Kumpanin interessierte sich allerdings tatsächlich ausschließlich für die darin enthaltene Berichterstattung rund um die wunderliche Familie, und so fiel der Rest für meine Schwester ab. Weil ich kein derartiges Schulungsmaterial besaß, verwechselte ich öfter mal die Mitglieder anderer, für mich weniger interessanter Boygroups – außer *Take That* konnte mich keine länger fesseln, ich schaute sehr gern ihre Videos, lachte über die Choreografien, aber gleich danach hatte ich schon wieder vergessen, welcher dieser für mich absolut austauschbaren Knaben nun in welche Kapelle gehörte, wie mein Vater sagen würde. Damit wir uns trotzdem auf hohem Niveau unterhalten konnten, bastelte mir meine Schwester ein riesiges Übersichtsplakat: Wie eine dieser ausrollbaren Lehrleinwände aus dem Biologieunterricht, die einem beibrachten, wie man Spaltfußgänse von Fettschwalmen unterscheiden kann, enthielt dieses überdimensionierte Poster auf lila Tonpapiergrund die Köpfe der wichtigsten Protagonisten des Boybandgames um 1994/95. Darauf vertreten waren zum Beispiel der Eierkopf von *East 17,* der seine viel zu kleine Truckermütze humptydumpty-mäßig auf dem Kopf balancierte – zwei Jahrzehnte, bevor Pietro Lombardi diesen Trottellook für sich entdeckte. Dann selbstverständlich der Pferdegesichtige von *New Kids on the Block* und Nick Carter von den *Backstreet Boys*, obwohl ich den natürlich sowieso mühelos erkannte, weil seine voluminös suppenschüsselig in Form gebrachten Haare verdammt danach aussahen, als hätte sie eine Frisörin im von mir gefürchteten Dorffrisörsalon meiner Jugend namens Schnippschnapp mit der Rundbürste malträtiert. Außerdem mit auf dem Poster: *Caught in the Act*, **NSYNC* und die Überkünstlichen von *Bed & Breakfast*, die zuckrige Reduktion einer eh schon pappsüßen Grundplörre.

Ich war damals gerade zum Studium nach Tübingen gezogen und las oft in dem dicken Leitzordner, den mir meine Schwester bei einem Besuch leihweise dagelassen hatte, und der prallvoll mit sorgfältig in Klarsichthüllen archivierten *Bravo*-Artikeln über *Take That* war. Das Internet gab es damals nur im fensterlosen Rechenzentrum der Uni, in dem ich manchmal saß und verschiedene Webseiten aus dem kleinen Heftchen »Die 100 besten Internetadressen« eintippte, das als Extra auf einer der letzten *Tempo*-Ausgaben klebte, und dann Ewigkeiten dabei zusah, wie sich eine Seite mit Fotos eines Menschen aufbaute, den man in den USA nach seiner rechtmäßigen Exekution für die Wissenschaft der Länge nach in hauchdünne Scheiben geschnitten hatte, er sah aus wie Bierwurst. Prokrastinieren war noch echte Arbeit, und so surfte ich analog in ihrer *Take-That*-Ausschnittsammlung. Ich lernte, dass der bandinterne Arbeitstitel für das Album *Nobody Else* angeblich »How could you believe me when I said I love you and you know I've been a liar all my life« war, dass Howard sich für die abstrakte Malerei von Paul Klee und Otto Dix interessierte und in Zukunft nicht mehr so unordentlich sein wollte, dass Gary Duftkerzen sammelte, dass Jason ein Gespräch manchmal wichtiger war als Sex, Robbies Hintern spektakulär bleich sein sollte und dass

Mark als Kind einmal fünfzig Frösche in seinem Kleiderschrank hielt, bis seine Mutter die Quaksammlung entdeckte.

Ich arbeitete vor allem die Frühgeschichte der Band nach, die damals ein bisschen an mir vorbeigerauscht war. Ich las, wie sie in einem Interview von ihrem ersten Auftritt überhaupt erzählten, im Nachtclub Flicks in Huddersfield, Grafschaft Yorkshire. Die Zuschauer: zwanzig Menschen, ein Hund.

Das Erste, was ich bewusst von *Take That* wahrgenommen hatte, war 1991 das Video zu ihrer Debütsingle *Do What You Like*. Tatsächlich fiel mir Gary besonders auf, weil er aus dem Haufen halb nackter, mit Sahne und Götterspeise eingesauter Jungs so deutlich herausstach: Es war völlig klar zu sehen, dass er keinesfalls dort sein wollte, wo er gerade war. Die schlimmste Stelle, für mich und bestimmt auch für Gary: Eine Frau fährt mit einem Mini-Milk-Stieleis auf seiner nackten, bleichen Brust herum, er bibbert und fratzt sein Unbehagen in die Welt.

Erst viel später habe ich gemerkt, dass das Lied im Kontrast zu seinen Uptempo-Vibes einen durchaus trotzigen Text hat, kulminierend in der Zeile *me, myself, I'd rather be alone again,* was mir als Einsamkeitsfan besonders gut gefällt. Ganz klar wird allerdings nicht, wie die Aufforderung *Do what you like/no need to ask me* nun genau zu verstehen ist, ob es sich bei dem Lied also um einen Break-up-Song oder um ein welpenhaftes Zwinkern in die S/M-Abteilung handelt. Viel spricht aber auch dafür, dass der Song einfach nur von der Liebe zu Backwaren handelt: Die Textzeile *Jam, can't spread no more you took my bread* unterstützt diese These eindeutig.

Diese Anfangszeit muss für Gary nicht sehr glücklich gewesen sein. Eben noch hatte er bei seinen Wochenendauftritten klassische, wertige Popballaden geschmettert, nun musste er mit Ivan-Drago-Bleichefrisur und Babybel-Gesicht komische Tänze machen, bei denen er teilweise nur eine rote Radlerhose, unnötig von einem schwarzen Gürtel zusammengezurrt, und ein rotes Halstuch trug. Nigel Martin-Smith ließ seine neue Boyband zuerst vor allem in Gayclubs auftreten, er kutschierte sie von einem kleinen Auftritt zum anderen, bis ihm schließlich bei einem Frühabendauftritt in einer

Teeniedisco auffiel, dass die Mädchen dort rein kreischpegelmäßig doch begeisterter schienen als die Jungs in den anderen Clubs.

Gary brachte eigene Songs mit in die Band, eine extreme Seltenheit für ein Boygroupmitglied, seine Stimme trug die meisten Lieder, und doch wirkte er anfangs von außen wie derjenige, der am wenigsten dazugehörte. Bei den Fans schien er nur mäßig beliebt – zumindest ist das eine Legende, an der Gary heute selbst fleißig klöppelt: Als *Take That* eigene Puppen von sich im klassischen Ken-Format als Merchandise auf den Markt brachten, sei er extra in einen großen Spielzeugladen in Chester gefahren, erzählt Gary in seiner Autobiografie, doch konnte er dort keine seiner Puppen finden. »Habt ihr keine Gary Barlows mehr?«, habe er einen Angestellten gefragt. »Ähm … nein, nicht direkt«, soll der geantwortet haben: »Man muss einen Mark, einen Howard, einen Jason und einen Robbie kaufen, dann bekommt man einen Gary kostenlos dazu.« Selbst wenn diese einzelne Demütigung so nicht passiert sein sollte, gibt es noch reichlich belegbare Lookismus-Fiesheiten, die Gary als unboybandigst aussehendes Mitglied erdulden musste. Etwa bei den

Livedarbietungen von *Relight my Fire*, bei denen er einen schwarzen Rolli und ein zu großes rotes Musicalbesucherjackett tragen musste (und Teufelshörnchen, klar), während ihn die anderen mit kleinstdenkbaren Höschen, gleich komplett freigelegtem Arsch oder zumindest bauchfrei umtanzten (und mit Teufelshörnchen, klar). Man denkt noch bis zum ersten Refrain, Garys Vollverhüllung sei sicher nur eine Finte, es müsste sich wohl um einen Trickrolli handeln, den er sich gleich mitsamt des Zeltjacketts vom Leibe reißen würde, aber nein: Das sollte tatsächlich so sein.

Dann kam *Back for Good*, der fast schon zu sehr auf Klassiker kalkulierte Instantklassiker, das Lied, das so extrem garybarlowhaft klingt, dass es das Gerücht gibt, er habe das Lied entgegen der offiziellen Credits gar nicht selbst geschrieben, sondern Barry Gibb von den *BeeGees* (weshalb *Take That* später zum Dank und als vorläufiges Abschiedslied eine Coverversion des *BeeGees*-Liedes *How Deep Is Your Love* aufgenommen hätten). Wahrscheinlich war *Back for Good* der Moment, in dem ich mich endgültig, ernsthaft und unwiderruflich in *Take That* verschoss: Ein schönes Lied, ein schönes Video, das reicht ja manchmal schon. Wie die Musik langsam lospluckert, die ersten gesungenen Zeilen dahinzuckeln wie ein gemütliches Maultier! Dann die Art, wie Gary *coffee cup* wie »coffee cooop« ausspricht. Sich bei der *fist of pure emotion* in kieksige Höhen schraubt und schließlich behaglich ins Harmonienplumeau plumpsen lässt, herrlich.

Dass der dazugehörige Liedtext wadenbeißerischer ist als bisher angenommen, habe ich erst vor Kurzem gemerkt, tatsächlich kommt er stellenweise ziemlich schnippisch daher. Vordergründig könnte man meinen, hier schluchzt ein aufrichtig Zerschmetterter, doch allein sein *whatever I said, whatever I did/I didn't mean it* klingt eher passiv-aggressiv als nach einer aufrichtigen Bitte um Entschuldigung, mindestens aber nach einem genervten »Was weiß ich, was ich jetzt schon wieder falsch gemacht haben soll, aber es war bestimmt eh ganz anders gemeint, meine Güte!«. Was natürlich die generelle Schmalzstimmung ein bisschen trübt, den Vortrag dafür aber viel überzeugender und natürlicher wirken lässt, wenn man dieses Detail erst einmal erhört hat. Ebenso wie die Zeilen *whatever went wrong, just tell me the song/and I'll sing it,* der schwerst nach »sag mir, was ich sagen soll, damit endlich wieder Ruhe ist« klingt. Und mit dem abschließenden *I guess now it's time/that you came back for good* entscheidet der vermeintliche Büßer eigenmächtig und selbstherrlich, dass es jetzt dann auch mal gut sei mit der ewigen Bettelei.

Der Liedtext mag also leicht fragwürdig sein, aber das Video, das Vi-de-o! Ein letztes Mal spielen *Take That* kurz vor Robbies Abgang die beliebte »Huch, ich bin versehentlich in den Regen gekommen und jetzt pitschepatsche nass, alles klebt ja förmlich an meinem Muskelkörper, na so was«-Boyband-Motivkarte, und allein für Howards sinnlos hohe Ohrklappenmütze, die ihn aussehen lässt wie einen bedröppelten Hütehund, und für die Szene, in der Robbie seinen Pelzmantel herumschleudert, kann man sich das immer, immer wieder anschauen. Der Moment bei Minute 1:29, wenn Jason mit heruntergeklappter Kapuze diesen angedeuteten Elvis-Hüftmove macht! Wenn Mark selbstvergessen in der Pfütze tanzt wie das Kind aus der Sanostolwerbung nach erfolgreicher Zuckervitaminkur!

Back for Good ist vielleicht das schönste Boygrouplied, das es überhaupt gibt. Und *in the twist of separation/you excelled at being free* womöglich die verquasteste Textzeile, die je von einer Boyband gesungen wurde. Ich singe ja gern *Unaware, but underlined, I figured out this story* (*no, no!*)/*It wasn't good* (*no, no!*) vor mich hin, wenn ich mal einen Text abgebe, den ich selbst nicht so dolle finde. Andere *Take-That*-Zeilen, die regelmäßig in meinem Kopf dudeln: *Cause there's nobody else in the world that could love you / Anymore than I do, always here for you*, wenn ich meinen Hund kraule, und *Help me escape this feeling / of insecurity – ha-haaa*, in praktisch jeder Lebenslage.

Ich nahm es Robbie wirklich übel, dass er nach seinem Ausstieg *Back for Good* schändete, ausgerechnet Garys Meisterwerk, komplettes Sakrileg! Er zerknüppelte das Lied eine Zeit lang gern bei seinen Konzerten in einer Krawallpunkversion, die er 1997 sogar als B-Seite auf seine *Angels*-Single packte. Manchmal verballhornte er den Anfang zusätzlich zu *I guess now it's time for me to throw up*. Ich selbst sang das Lied zwar einmal angetrunken vor kleiner Runde, achtete aber trotz meiner leichten Derangiertheit streng darauf, seine immanente Würde zu wahren. Ich hatte gerade eine Stelle als Redakteurin bei der *Financial Times Deutschland* angetreten und beschlossen, mit dem Umzug in die neue Stadt ein neues, act-your-age-mäßigeres Leben zu beginnen. Nach zwei Monaten hatte ich allerdings leider die Idee, einige Kollegen anlässlich meines Geburtstags zu einer Singstarparty einzuladen, bei der ich zu viel Birnenschnaps in das Obatzda-Rezept aus Alfons Schuhbecks Bayern-München-Kochbuch kippte und, von diesem Schnapsaufstrich leicht duselig, nicht mehr aufhörte, ein *Take-That*-Lied nach dem anderen zu singen. Und das war es dann gewesen mit dem würdevolleren neuen Leben, wie Heidi Klum sagen würde, die sich mit Würde sehr gut auskennt.

Vielleicht, fiel mir irgendwann einmal ein, hatte mich Garys Absturz nach dem ersten Ende von *Take That* auch darum nicht so betroffen gemacht, wie ich das als Fan doch eigentlich hätte empfinden müssen, weil ich ihn unbewusst für viel Schmerz verantwortlich machte. Schließlich war er der Bote, der seinerzeit, am 13. Februar 1996, die Trennungsbotschaft überbrachte, die mir erst gar nicht so viel und etwas später umso mehr ausmachte: »Unfortunately, the rumours are true«, begann Gary die Pressekonferenz in einem Hemd, das aus einer TV-Bildstörung geschneidert worden war, und schloss seine kurze Rede mit den Worten: »And from today, there is no more.« Worauf er ein Essiggesicht zog, als wolle er sagen, ups, sorry, allerdings insgesamt sehr erleichtert wirkte.

Was danach kam, war komplett unerwartet: Während man sich nicht recht vorstellen konnte, was man nach der Trennung musikalischerseits noch von Jason und Howard hören sollte, schien die Zukunft für Gary und mit Abstrichen auch für Mark golden zu sein. Gary galt nicht wenigen als neue, jüngere Version von George Michael, dass er sein Auskommen als Balladist haben würde, schien außer Frage zu stehen. Seine ersten Singles *Forever Love* und *Love Won't Wait* erreichten erwartungsgemäß die Nummer eins der UK-Charts, das dazugehörige Album ebenfalls. Das nächste Album und die daraus veröffentlichten Singles *Stronger* und *For All That You Want* floppten allerdings empfindlich. Die Plattenfirma versuchte vergeblich, ihn in den USA zu etablieren, und kündigte ihm schließlich im Jahr 2000 seinen Plattenvertrag.

Gary verfiel daraufhin in einen Gürteltier-Modus, mit dem ich mich gut identifizieren kann.

Während sich diese Tierchen in Krisenmomenten zu einem Ball zusammenrollen, um niemanden mehr an sich ranzulassen, blieb Gary zu Hause und fraß sich rund. Er wollte nicht mehr er selbst sein, könnte man wenig riskant mit etwas küchenpsychologischem Wissen orakeln. »Ich hatte die Niederlage einfach angenommen. Ich wollte vergessen werden«, sagte Gary über diese Zeit in einem Interview. Acht Monate lang verließ er sein Haus nicht mehr, und als er sich schließlich wieder herauswagte, sah er so anders aus, dass ihn viele Menschen nicht auf Anhieb erkannten. Dazu Gary: »Je mehr ich zunahm, desto näher kam ich meinem Ziel, unsichtbar zu sein. Diese Entwicklung dauerte zwei Jahre, und es war großartig. Als ich schließlich 108 Kilo wog, erkannte mich wirklich niemand mehr, und ich fühlte mich wie im Paradies.« Weil er nun keinen Druck mehr spürte, einen Comebackversuch zu starten – so, wie er aussähe, könnte er sich schließlich unmöglich auf eine Bühne stellen, befand er. Natürlich schmerzte ihn trotzdem, was die Zeitungen schrieben: »Erinnern Sie sich noch an Gary Barlow? Er war der Fette bei *Take That*, der frustriert war, als Robbie zum Solostar wurde.«

Ja, Robbie, ausgerechnet, das verschlimmerte Garys Elend. Wider alle Wahrscheinlichkeiten war sein ehemaliger Bandkollege, mit dem er seit der Trennung kein Wort mehr gewechselt hatte und der ihn genüsslich öffentlich verhöhnte, in den Charts an ihm vorbeigezogen, hatte seine eigene Krise scheinbar abgeschüttelt, sich weitgehend berappelt und ließ sich nun in ausverkauften Stadien feiern. Wenn Gary seine Trutzburg verließ, um eine Tüte Chips kaufen zu gehen, konnte es passieren, dass der Verkäufer im Kiosk schnell eine Robbie-CD in den Player unter der Theke legte, um seine Reaktion zu beobachten. Bei den Brit Awards traten zwei *Little-Britain*-Darsteller als Gary und Howard auf und überreichten Robbie den Preis. Der nutzte das Podium für eine neue Ätzattacke: »Sorry, Gary, aber ich war immer schon das talentierte Mitglied von *Take That*.« Und George Michael, sein Vorbild, ließ öffentlich verlauten, dass er Gary für einen Nichtskönner halte: »Nur, weil wir beide fett sind, spielen wir noch lange nicht in derselben Liga.«

Am Tiefpunkt seiner Karriere bekam Gary das Angebot, bei der britischen Variante von *Promi-Frauentausch* mitzuwirken – zusammen mit Samantha Fox und einer ehemaligen Gesundheitsministerin, die Ende der Achtzigerjahre wegen eines Salmonellenskandals zurücktreten musste.

Das Symbol seines Scheiterns, das unübersehbar mitten in seinem Haus stand, war ein weißes Klavier. Der Flügel, sein Glücksflügel, an dem er *Back for Good*, *Sure*, *Never Forget*, alle großen Hits geschrieben hatte, funktionierte plötzlich nicht mehr. Jahrelang sei er tagsüber durch seine Villa gewandert, erzählt er in einem Interview, tagelang hätte er nur dagesessen und sein Klavier angestarrt, sich darunter, sich darauf gelegt, sein Gesicht daran gerieben, und sei fast verrückt geworden, während er sich den Kopf darüber zerbrach, warum das Instrument plötzlich nicht mehr ablieferte. Man muss kein Liederdichter sein, um sich diese Szenen sofort als Balladentext vorzustellen, denn Gary ist ein Framer, der seine Geschichte im Rückblick wie einen seiner dynamisch-dramatischen Songs erzählt. Man kann sich vorstellen, wie die Strophen seine elende Lage beschreiben, die Bridge, die zum Refrain überleitet, dann die Qualen und Schindereien aufzählt, den Drill der frühen Jahre – vielleicht mochte ich Gary immer ein kleines bisschen weniger als die anderen, weil er zwar ein sehr talentierter Songschreiber und Sänger, aber eben kein geborener Popstar ist, weil man bei ihm die Arbeit und den Fleiß sieht, mit denen er in Vorleistung gehen musste. Ich finde es immer etwas unerfreulich, wenn diese Mühe durchschimmert, wenn es nicht ganz selbstverständlich so aussieht, dass jemand natürlich, selbstverständlich, ganz aus sich heraus einfach auf die Bühne gehört.

Nach dramatischem Vorgeplänkel würde das Gary-Lebenslied endlich zum brausenden Refrain ansetzen, in dem natürlich alles wieder gut würde: Schöpferfunken wiederbelebt, Klavier entsperrt, Karriere gerettet. Tatsächlich war es eine Doku des britischen Senders ITV, der Gary, Mark, Jason und Howard 2005 zum ersten Mal seit der Trennung wieder auf eine gemeinsame Sofagarnitur locken konnte – nur Robbie blieb lieber fern. *For the Record* war ein so großer Erfolg, dass danach der öffentliche Wunsch nach einer Wiedervereinigung immer größer wurde, und so geschah es. (Refrain 2x wiederholen, dann langsam ausfaden).

Dass Gary die geschmähte Zeit in seinem

Schmoll-Exil Wunden geschlagen hat, kann man in *Patience* hören, der ersten Single der wieder zusammengerauften Altbubenband. Im Video dazu sieht man TT4 einzeln aus verschiedenen Richtungen auf eine Klippe an der isländischen Küste klettern, Mark pflügt mit seinem Mikroständer Furchen in die schwarze Erde, Jason hat das Gestänge quer über die Schultern gelegt, als sei es ein bäurisches Gerät zur Feldbestellung, es sieht nach Arbeit aus. Und Gary singt vordergründig von einer neuen Beziehung, die er lieber langsam angehen wolle, weil er die Verletzungen der letzten noch nicht überwunden habe: *I'm still hurting from a love I lost*. Und natürlich meint er sich damit selbst, und die Liebe ist die Zuneigung des Publikums, das grausam mit ihm Schluss gemacht hat. Er singt von tiefen Narben und davon, wirklich neu anfangen zu wollen, aber erst mal noch ein Weilchen heilen zu wollen, und von allen *Take-That*-Liedern, die man auch auf die Band und ihre Mitglieder beziehen kann, ist *Patience* womöglich das ehrlichste.

Meine Top-5-Gary-Momente

1. Gary versteckt sich während eines Konzerts bei der ziemlich komplexen Choreografie zu *Give good Feeling* hinter einem DJ-Pult, das Teil des Bühnenbilds ist, um nicht mittanzen zu müssen, und lässt sich durch den unauffällig auf die Bühne gehuschten Choreografen ersetzen – nach der Neuformierung war es 2007 für ihn endlich so weit, dass er die schon immer verhassten Hampeleien schwänzen konnte. Weil *Take That* bei dieser Nummer in Kapuzenkostüme eingemummelt war, fiel der Tanzdoubleschwindel bei all dem Bühnenspektakel und Lichtgewitter nicht weiter auf, aber ich saß auf der Tribüne und hatte im genau richtigen Winkel beste Sicht auf den neuen, selbstbestimmten Faul-Gary, der seine alte Weisheit wiedergefunden hatte: »I can't dance like that, but I can sing like this.«

2. Gary weist im *Babe*-Video Mark den Weg. Es ist vielleicht meine Lieblingsszene aus allen *Take-That*-Videos, auf jeden Fall aber jene Geste, die ich als Zitat am häufigsten selbst im Alltag gebrauche, immer in der leisen, stets aufs neue enttäuschten Hoffnung, jemand könnte darin den völlig nutzlosen Fingerzeig erkennen, den Gary in

besagtem Video performt: Mark ist da gerade immer noch auf der Suche nach seiner unbekannt verzogenen Geliebten und fragt bei Gary, der gerade Zeitung lesend in einem Café sitzt, nach dem Weg. Worauf Gary kurz aufschaut und supervage, aber entschieden nach schräg-vorne-oben deutet. Ich liebe diese beknackte Szene so sehr.

3. Gary singt auf der *Ultimate*-Tour, den ersten Konzerten nach der Wiedervereinigung, im ausverkauften Manchester City Stadium die letzten Töne des letzten Liedes, das fast schon provozierend in die Länge gezogene »Anymooooore« von *Love Ain't Here Anymore*. Er steht da schon allein auf der Bühne, in einem fragwürdigen brombeerroten Anzug mit verrutschtem hellblauen Schlips, und hält unter dem Jubel der Menschen diese letzte Note, nach Jahren der öffentlichen Schmähung.

4. Gary singt 2012 bei der Abschlussfeier der Olympischen Spiele die ersten Töne von *Rule the World*: *You light the sky up above me*, dann die Bitte *don't close your eyes, don't fade away*, nur wenige Tage, nachdem seine Frau und er ihre ungeborene Tochter Poppy verloren haben. Wenn man im Ohr hat, wie er dieses Lied sonst beginnt, kann man ein

leichtes Wegknicken hören, das einem schier das Herz bricht.

5. Gary antwortet auf die Frage, welches Lied bei seiner Beerdigung gespielt werden soll, »ein Cancan«: »Das ist festlich und würde gleichzeitig die Lächerlichkeit dieses Lebens unterstreichen.« Notiz an mich: Eigene Playlist zu diesem Anlass noch einmal überdenken.

Mit dem neuen Erfolg der reformierten Band kam auch der Erfolg für Solo-Gary – der mit Mitte vierzig rein äußerlich gesünder und besser aussieht als vor zwanzig Jahren. Moderator James Corden vertrat einmal die Theorie, dass Gary im Geiste und im Herzen womöglich immer schon ein Mann um die vierzig gewesen sei, jetzt also endlich das äußere und das innere Alter passgenau ineinanderklicken. Auf persönlichen Wunsch der Queen komponierte er 2012 das offizielle Feierlied für ihr diamantenes Thronjubiläum, bereiste dafür diverse Länder des Commonwealth und ließ sich von Prinz Harry in den musikalischen Geschmack der Königin einweisen wie in eine sehr enge Parklücke: nicht zu laut, nicht zu modern, möglichst kulturflexibel.

Harry selbst spendierte Garys Komposition ein paar Klopfer mit dem Tamburin, und dass der einstige trübe Klops nun heiter und kregel mit echten Royals scherzt und parliert, wäre selbst für eine barlow-bombastische Powerballade ein paar Schippen zu viel Kitsch.

So sehr ich Gary für seine fast eidechsenartigen Selbstregenerations-Fähigkeiten bewundere, so misstrauisch war ich, als ich letztens den zweiten Teil seiner Autobiografie in die Hand nahm: Schon der Titel *A better me* klingt nach quarkigem Selbstoptimierungsgesäusel. Ich las ein bisschen quer, und da hatten wir es: Gary liebt jetzt Yoga und Gwyneth-Paltrow-Kochbücher, isst keinen Zucker mehr und nur noch eine Portion Eis im Jahr. Er töpfert. Und er benutzt einen Zungenschaber.

Zum Glück lese ich aber doch noch weiter, bis zu dem Kapitel, in dem er davon erzählt, wie seine Tochter Poppy im Bauch ihrer Mutter Dawn starb und tot auf die Welt geholt werden musste. Über die zwei Stunden, die sie danach mit ihr verbringen durften, mit ihr schmusten, ihren Sarg aussuchten. Er habe lange gehadert, ob er das nicht besser verschweigen sollte, weil er den Menschen das eskapistische Glück nicht verderben wollte, das sie bestenfalls spüren, wenn sie ihn mit seiner Manband auf der Bühne sehen. Weil er fest davon überzeugt ist, dass 2006 die Karten für die Wiedervereinigungskonzerte so schnell ausverkauft waren, weil sich die Menschen schlicht einen Abend lang wieder in simpleren, sichereren Zeiten fühlen wollten. *Take That* sei einfach nur ein Anker in diese Zeit, und vielleicht ist diese Erklärung auch ein kleines Steinchen im leuchtenden Wandmosaik meines Herzens, das meiner Liebe zu dieser Band gewidmet ist.

Das kommt davon, wenn man zu lange über Gary Barlow nachdenkt, man formuliert plötzlich alles ein paar Bombastligen über Normalzustand.

Für seine Tochter Poppy hat Gary das Lied *Let me go* geschrieben, und anders als der Titel vermuten lässt, ist es ein überschwänglich fröhliches Lied, eines der unbeschwertesten, die er je geschrieben hat:

This is gonna take a bit of getting used to,
But I know what's right for you
Fly high and let me go.

Es ist vielleicht das höchste Gefühl von Souveränität und davon, mit dem Leben wirklich ausgesöhnt zu sein, wenn man Menschen zu einem Lied über das Schlimmste, was man jemals erleben musste, lachen, tanzen und singen lässt. Ich muss oft heulen, wenn es um *Take That* geht, aber *Let me go* ist das einzige Gary-Barlow-Lied, bei dem ich immer weinen muss, weil es so fröhlich ist.

MARK OWEN
DIE SCHMUTZIGE SPITZMAUS

Möglichst unauffällig stülpte ich meine Unterlippe nach Art einer Muräne nach vorne und versuchte, mit jedem Einatmen so viel Luft wie möglich in meinen Mund zu schaufeln. Ich besichtigte gerade Cawdor Castle, ein kleines, schottisches Schloss ganz in der Nähe des Loch Ness, den ich in den vergangenen Tagen im Rahmen meiner konditionellen Möglichkeiten umwandert hatte. Auf dem Rückweg zum Flughafen war noch Zeit für eine kleine Schlossbesichtigung. Ich liebe Schlösser, einer meiner schönsten Urlaube war eine rentnermäßige Loire-Reise, bei der ich jeden Tag drei verschiedene Adelsresidenzen besichtigte, ein Traum. Cawdor Castle wollte ich gern besuchen, weil hier ein besonderes Gemälde von Sir Edwin Landseer hängt, eines

Künstlers, der im 19. Jahrhundert vor allem schottische Landschaften und die Hunde reicher Engländer malte (er gab sogar dem schwarz-weiß-gefleckten Farbschlag des Neufundländers seinen Namen, weil er eines dieser herrlich plumpen Tiere in staunenswert erhabener Pose verewigt hatte). Als Queen Victoria einmal ein Weilchen auf Cawdor Castle zu Besuch war, ließ sie danach den geliebten Terrier der Schlossherrin kidnappen, damit Landseer ihn als Überraschung für sein Frauchen porträtieren konnte, was natürlich in gleichen Teilen absolut grausam und total nett ist.

Als ich schließlich vor besagtem Hundebild stand, war ich erst etwas grämlich, weil neben mir zwei klischeehaft fozziebärfarben fakegebräunte Engländerinnen so laut gackerten, dass mein Kunstgenuss erheblich gestört wurde. Dann bekam ich aber mit, dass sie sich darüber unterhielten, dass 2009 genau hier, auf Schloss Cawdor, Mark Owen geheiratet hätte. Ich googelte hektisch, es stimmte, und ich verwandelte mich in den bereits erwähnten Schnappfisch, um mir mit dieser Atemtechnik möglichst viele Markmoleküle einzuverleiben.

Ich habe irgendwann einmal gelesen, jeder Atemzug, den man so tut, könnte durchaus ein Molekül des letzten Ausatmers von Julius Cäsar enthalten, und seither bin ich besessen von der Idee des stofflichen Austauschs und der schnaufermäßigen Konsumierung von Prominenten, die aus verschiedenen Gründen körperlich gerade nicht präsent sind. Meistens schert es mich nicht weiter, wessen Atemabfall ich so wegnäsele, aber nun war ich ähnlich aufgeregt wie vielleicht zuletzt vor siebzehn Jahren bei einem Besuch von Thomas Bernhards Vierkanthof in Ohlsdorf, wo ich in einem unbeobachteten Moment rasch verbotenerweise in einen seiner noch herumliegenden Handschuhe schlüpfte, garantiert randvoll mit DNA-Resten. Ich zähle das als Quasi-Händedruck, und ich führe meinen Besuch auf Cawdor Castle in etwas großzügiger Auslegung als eine Art Fern-Mund-zu-Mund-Beatmung.

Ich liebe Mark, weil ich auch Eichhörnchen und Cockerspanielwelpen liebe. Ich bin auch nur ein Mensch und nicht immun gegen Niedlichkeitsattacken. In der Diversifizierungsstrategie der Band übernahm Mark die Rolle des putzigen kleinen Tierchens, er war die Spitzmaus, das Zuckerpüppchen, das *Babe*-Babe, der schmale, kleine, ewige boy.

Das harmlos-hübsche Flauscherotikangebot für jene Mädchen und Jungs, denen der Howard'sche Bühnensex ein bisschen zu hardcore war, Vertreter einer nagermäßig-handzahmen, ungefährlichen Männlichkeit. Dass ausgerechnet Mark schließlich 2010 in einem unerwarteten Plottwist öffentlich gestand, er habe zu den goldenen Zeiten von *Take That* mindestens zehn außereheliche Affären gehabt und an Alkoholsucht gelitten, dass er inzwischen ein bisschen aussieht wie ein Konfirmand, der sich als abgewirtschaftete Halbweltfigur (mit Anklebe-Schnurres) verkleidet hat, hat meine Zuneigung wahrscheinlich noch größer gemacht: Weil das Owen'sche Gesamtwerk jetzt eine zwar leicht angeschrappte, aber immer noch hübsche Erinnerung daran ist, dass alle Menschen ihre Abgründe haben. Auch die niedlichen.

Anfang der Neunzigerjahre zog ich einmal zwei Ausgaben des offiziellen *Take-That*-Fanclub-Magazins aus dem Altpapiercontainer, ich hüte sie heute noch, obwohl sie inzwischen leicht angewest riechen. In einer Ausgabe gibt es ein langes Interview mit Mark, aus dem ich mir die entscheidende Information gemerkt habe, dass er sich in den Anfangstagen von *Take That* einen Golf kaufte, aber trotzdem seinen Ford Fiesta behielt, damit das alte, ausgemusterte Auto nicht gekränkt wäre, dass er jetzt aber darüber nachdenke, es seinem Nachbarn zu schenken, weil das Auto sich vielleicht nutzlos vorkomme, wenn es nur ungefahren vor seinem Haus stünde, es dann aber trotzdem in seiner Nähe sei und er ihm gelegentlich winken würde.

Es klingt kindisch, albern und oberflächlich, dass ich meine Sympathie und mein Fansein auf solchen plapperigen Schnurzigkeiten begründe, weil es natürlich wirklich kindisch, albern und oberflächlich ist. Genau das macht meine Liebe zu *Take That*, verglichen mit meinem restlichen Kunstverehrungssortiment, für mich anders und einzig. Andere Bands liebe ich wegen ihrer smarten Texte, ihres weltzerschmetternden Radaus, ihrer grabesschweren Harmonien oder aus anderen nachvollziehbaren, mit Erwachsenen-Argumenten erklärlichen Gründen, die ich jederzeit zu einem feuilletonistisch gedachten Textchen zusammenschreiben könnte, ohne mich komplett lächerlich zu machen. Meine Liebe zu *Take That* aber ist eine Teenieliebe, hysterisch irrational, die sich an Quatschdetails aufhängt, kritikrelevante Vergleichssysteme ausknipst und sich einfach mal glühwangig gehen lässt, ohne bang nachzudenken, wie sie das alles denn bitte schön Diedrich Diederichsen erklären soll. Und bei der die Musik manchmal vielleicht sogar fast nebensächlich wird, weil sie nicht nur die Lieder der Band liebt, sondern ihr ganzes System, ihre angetackerten Ideen und Chiffren. Neben meiner großen Liebe zu den Tieren ist meine Zuneigung zu *Take That* womöglich das letzte Restchen nicht laminierte Naivität, die in meinem verklärungsarmen, allzeit spöttelbereiten Leben noch Platz hat, das Fitzelchen ungehemmte Weltverkitschung, das mir im Erwachsenenleben nicht abhandengekommen ist, und ich passe gut auf, dass ihr nichts passiert, wie auf das letzte Stückchen Eierlikörkuchen in meinem Tiefkühler, das noch meine Lieblingstante Lisa gebacken hat, die jetzt nicht mehr lebt.

Mark, der professionelle Süßi, war jedenfalls immer schon der verlässlichste Lieferant für Schwärme-Rohmasse, so geschmacksvielfältig wie eine Packung Quality Street. Seine geraffte Lebensgeschichte ist eine Reihe von Putzigkeiten: Die erste Single, die er sich vom Taschengeld kaufte, war die

Titelmelodie von E. T. Im Schultheaterstück spielte er Jesus. Als Teenager jobbte er als Teaboy in den Strawberry Studios in Stockport, und er MUSS dabei einfach eine klitzekleine, von Wes Anderson persönlich mit der Nagelschere zugeschnittene und handpaspelierte Pagenuniform getragen haben. In diesem Tonstudio traf er Ende der Achtzigerjahre dann Gary Barlow, der dort sein beim BBC-Weihnachtsgesangswettbewerb gewonnenes Preisgeld für Demoaufnahmen ausgab. Gemeinsam gründeten sie die Band *The Cutest Rush*, die aber nie öffentlich aufgetreten sein soll.

Damit kann ich mich absolut identifizieren, denn ich hatte selbst schon zwei Bands, die es niemals auf eine Bühne schafften: Die erste hieß *Der kleine Pauli*, und unser Paradestück war ein französisches Lied, dessen Refrain aus den Titeln der wichtigsten poststrukturalistischen Werke zusammengebaut war – très 1998, très Tübinger Studentenquark. Etwas später kam Myspace, wo man der Legende nach ganz leicht als Musiker entdeckt und sofort ein Star werden konnte, wie es den *Arctic Monkeys* passiert war. Ich operierte inzwischen solo und hatte mich auf dilettantischen Hörnchengesang verlegt.

Mit kleinen Rumfummeleien im Musikprogramm Garage Band pitchte ich meine Stimme in solche Quietschehöhen, dass sie nach kleinen Backentierchen im Zuckerschock klang. Nicht mehr schief, sondern niedlich. Der Name meines Soloprojekts war *Wir sind Hörnchen,* denn mein bestes Lied war ein Nager-Cover von *Wir sind Heldens Denkmal,* das wirklich sehr viel besser klingt, wenn kleine Tierchen mehrstimmig *Hol den Vorschlaghammer!* quieken. Ansonsten produzierte ich vor allem rührende Meerschweinchenversionen von Conor-Oberst-Liedern. Auf Myspace bekam ich tatsächlich kleinen Zuspruch, es wurde sogar Radio Fritz auf mich aufmerksam und spielte das *Hörnchen-Denkmal* in einer Sendung. Ich sollte schließlich sogar bei einem lokalen Festival des Senders auftreten. Es scheiterte daran, dass ich kein Eichhörnchenkostüm in Erwachsenengröße auftreiben konnte.

Mark hingegen schaffte es, bei *Take That* zu landen. Er schickte mit seinem Lächeln Mädchen in die Ohnmacht und weckte andere mit einer Sprachnachricht aus dem Koma. Wenn er auf der Bühne ein bauchfreies Shirt trug, was öfter vorkam, konnte man gelegentlich ein Flossenstück von dem Delfin sehen, den er auf seine Leiste tätowiert hatte.

1993 schlug mit *Babe* die Stunde seines großen Soloauftritts. Viel Gesangsraum gab es für die anderen sonst nicht neben Gary, aber diese getragene Ballade über ein nicht ganz umstandsloses Wiedersehen mit der Geliebten nach einigen Jahren der Nicht-Kommunikation wäre mit dem klassischen Barlowschmelz wirklich rettungslos überschmalzt gewesen. Marks vergleichsweise dünnes, leicht windverwehtes Stimmchen passt besser zu der Erzählung des ungebeten aufkreuzenden Heimkehrers, der an der ehemaligen Adresse der Verflossenen überraschend einen alten Mann vorfindet, der ihm nur mit der neuen Telefonnummer der Weggezogenen dienen kann. Mark bimmelt kurz durch, bekommt die neue Adresse – und findet dort nicht nur die gesuchte Frau, sondern überraschenderweise auch einen kleinen Jungen, der ihm frappant ähnelt: *He had my eyes,* konstatiert Mark, *my eyes!,* staunen seine Bandkameraden im Chor, *he had my smile,* resümiert Mark weiter, *my smiiiiiile!,* jubilieren die anderen. Das dazugehörige Musikvideo – das erste der Band, in dem eine cineastisch inszenierte Geschichte erzählt wird – hat eine vage russische Anmutung, Mark trägt ein amish-artiges Leinenhemd mit Hosenträgern, einen schweren Militärmantel, einen Seesack – womöglich war also nicht einfach nur so Schluss und Funkstille zwischen den Liebenden, womöglich kehrt er tatsächlich gerade aus dem Krieg heim, und vielleicht ist sie deshalb unbekannt verzogen, weil sie ihn tot wähnte und trotzdem mit ihrem Leben weitermachen wollte, mit ihrem Kind, von dem der Vater nichts wissen konnte – *she's moved on, you see?*, teilt der Alte Mark in verschlagener Doppeldeutigkeit mit. Und schließlich ist die Frau in ihrer neuen Heimstatt zu sehen, in die es zu allem Überfluss auch noch hineinschneit, sie ist komplett schwarz gekleidet und trauerverschleiert, vielleicht ist das düstere Spitzendeckchen über dem Kopf nur metaphorisch gemeint, eventuell trauert sie irrtümlich tatsächlich.

Natürlich ist das alles an Cheesyness nicht zu übertreffen. Die Telefontastentöne, die am Anfang aus schmierigen Keyboards quaken. Die laientheatralische Adresssuche. Der gruselige Auftritt von Howard als glotzäugigem Fahrradfahrer, der schneeverwehte Palast, in dem die Trauerfrau krähenhaft herumwandelt, das duplizierte Klonsöhnchen, alles völlig drüber. Es rührt mich trotzdem, jedes Mal, immer noch, wenn ich das Video anschaue. »Nichts ist so scheußlich wie das Gefühl als Argument«, stand mal in der *Spex*, aber es funktioniert manchmal eben trotzdem. Vielleicht, weil *Take That* für mich wie eine Zynismus-Detox-Anwendung funktioniert. Eine Art Lymphdrainage, die die von Verzweiflungs- und Wutschlacken (wegen der nun mal unbesiegbaren Dumm-, Frech- und Schlechtheit um einen herum) verkrusteten Gefäße freiputzt und anschließend mit glasklarem, geschmeidigem Schmalz durchspült und reinigt. Ich kann es mir nicht anders erklären, wie mir meine Rührungsprozesse beim Betrachten popkultureller Werke aber ja generell ein Rätsel sind. Ich kann mit komplett ungerührtem Schlachtershundgemüt einen Romantische-Komödien-Marathon absitzen – aber dann fange ich fast an zu weinen, wenn ich das Youtube-Video sehe, in dem Bibi aus dem Beautypalace ihre Schwangerschaft verkündet, obwohl ich weder Bibi noch Kinder sonderlich mag, allerdings einen kleinen Softspot für den ebenfalls im

Video auftretenden Kindsvater Julienco habe, weil ich ihn einfach sehr gern in einem *Die-Ärzte*-Biopic in der Rolle des jungen Farin Urlaub besetzen würde (mit diesem Film würde ich so viel Geld verdienen, dass ich endlich meinen zweiten großen Regisseurstraum umsetzen könnte: Michel Houellebecq bekommt eine vernünftige Frisur und spielt *The-Fall*-Grumpel Mark E. Smith. Ich stelle mir allein das wochenlange Casting sehr vergnüglich vor, das nötig wäre, um alle im Laufe der Zeit von ihm geschassten Bandmitglieder besetzen zu können).

Ein Detail, das mir an *Babe* und den Umständen drumherum immer sehr gut gefiel: Obwohl die Single direkt auf Nummer eins in die Charts einstieg, wurde die Band am Weihnachtswochenende doch um die zu diesem Termin in Großbritannien besonders renommierte Spitzenposition beraubt: *Babe* wurde von Mr Blobby überholt, einer überlebensgroßen Figur, die für die BBC-Samstagabendshow *Noel's House Party* geschaffen wurde. Mr Blobby ist ein hautfarbener, gelb gepunkteter Horrorgrinser, der nur seinen eigenen Namen sagen kann, was man, wenn man gutmütig und interpretationsfreudig ist, als Kritik an der egozentrischen Gesellschaft sehen kann. Natürlich ist Mr Blobby eine ähnlich arme Kreatur wie seine wohl nicht zufällig ebenfalls hosenlosen Wesensverwandten Crazy Frog und Goleo. Dass ausgerechnet ein solcher Trashknallcharge am entscheidenden Datum vor der maximal kommerziell hingestriegelten Gefühligkeit landet, taugt vielleicht sogar als schöne Metapher für das Leben. Oder wenigstens als Textzeile in einer möglichen Fortsetzung von Alanis Morissettes *Ironic*.

Babe wird trotz dieser Schmach immer einen besonderen Platz in meinem Herzen haben, denn es ist das erste Lied, mit dem ich selbst einmal öffentlich aufgetreten bin.

Meine liebsten TT-Lieder (und was sie mit meinem Leben zu tun haben)

1. *Never Forget*: Die Rotweinflasche krachte, filmreif getimt, genau in dieser kleinen Pause im Refrain gegen die Wand in den Redaktionsräumen der *Financial Times Deutschland*. Ich arbeitete dort als Redakteurin, vor einer Stunde hatten sich alle Kollegen im großen Newsroom versammelt, um dort gemeinsam die allerletzte Ausgabe der Zeitung zum Druck freizugeben – morgen würde sie wegen ste-

tiger Verluste zum letzten Mal erscheinen. Nach dem finalen Knopfdruck wurde im großen Stil gebechert. Irgendwann ließ ich auf einem der Rechner, dessen schwergängige Tastatur schon von Likörgrind verklebt war, das Youtube-Video von *Never Forget* laufen, die Lautstärke voll aufgedreht. Als Hymne auf die Vergänglichkeit aller menschlichen Ambition erschien mir das Lied sehr passend, und es war ein erhabener Moment, als ein lieber Kollege schließlich halb zornig, halb euphorisch eine volle Rotweinflasche gegen die Wand schmetterte. NEEEEVER – batsch! Als ich später gehen wollte, begegnete mir der Kollege noch stark schwankend im Gang, seine Arme steckten bis zum Ellenbogen in zwei leeren Champagnerkartons. »Ich habe keine Hände mehr, ich habe keine Hände mehr«, rief er, halb panisch, halb staunend. Für solche Momente wurde diese Textzeile geschrieben: *Never pretend that it's all real.*

2. *Babe*: Nach all den Jahren empört es mich immer noch, wie wenig mein erster Karaokeauftritt überhaupt von den ungehobelten Kretins in der kleinen Kellerbar irgendwo auf Sardinien goutiert wurde. Ich war auf der Insel, weil ich an einem

Journalistenprogramm der Bundeswehr teilnahm, verschiedene praktische Übungen aus dem Soldatenleben (Pistolen auseinander- und wieder zusammenbauen, Orientierungsmärsche mit Schwerstgepäck, Handgranatendummys werfen) sollten bei den Medienmenschen das Verständnis für die Truppe mehren, was bei mir so mittel klappte. Tagsüber hatten wir im Meer in voller Pilotenmontur geübt, wie wir uns verhalten sollten, müssten wir auf unserem Sitz im Kampfjet einmal über Wasser den Schleudersitzknopf drücken, es war alles sehr unerquicklich. Am Abend stahl ich mich also mit einem Kameraden aus der Herberge, wir landeten in besagter Karaokespelunke, und ich ließ mich, obwohl sonst zu schüchtern für öffentliche Gesangsauftritte, zu einer möglicherweise etwas schluchzigen *Babe*-Darbietung hinreißen (weil Mark im Video ja, wie ich, auch einen Soldaten spielte, wir also so was wie Fake-Kameraden waren). Weil niemand klatschte, sang ich danach noch aus Trotz *Leaving on a Jet Plane* von John Denver, schließlich waren wir ja gerade bei der Luftwaffe. Leider hatte der schöne Abend ein Nachspiel: Jemand musste uns verleumdet haben, denn am nächsten Morgen wurden der Kamerad und ich vom befehlshabenden Oberstleutnant vor versammelter Truppe arg geschimpft. Karaoke und Boybandverehrung fallen offenbar nicht unter »soldatisches Verhalten«, aber das konnten wir schließlich unmöglich ahnen. Möchte nicht wissen, was der Oberstleutnant zu Marks völlig unkriegerischer Emofrisette aus dem Video gesagt hätte.

3. *Rule the World*: Ich mag keine Pärchenverherrlichungslieder, aber ich habe eine große Schwäche für geschmetterte Allmachtsfantasien. Also singe ich gerne zusammen mit meiner Schwester den Refrain von *Rule the World*, wenn wir bei Sonnenschein auf der Allee spazieren, in der wir beide wohnen, leise, aber ernsthaft: *Yeah, you and me, we can light up the sky/If you stay by my side/We can rule the world.* Und so lange wir singen, sind wir ganz sicher, dass sie diese eh schon öfter umgetaufte Prachtstraße einmal nach uns benennen werden.

4. *Smells like Teen Spirit*: Okay, das ist nicht direkt ein Lied von *Take That*, aber es gibt da dieses Video. Dieses komplett groteske, brüllend alberne, einfach wunderschöne Video, in dem *Take That* 1995 das *Nirvana*-Lied covern, und das ich immer

anschaue, wenn sich die trüben Gedanken in meinem Kopf von flockigen Schäfchen- zu drohenden Gewitterwolken aufblähen. Es stammt von einem der ersten Konzerte ohne Robbie, die verbliebenen vier spielten ihre Tour ohne ihn – und sie spielten sein Lied. Eigentlich sollte nämlich Robbie *Smells like Teen Spirit* singen, ein kleiner, koketter Kopfnicker in Richtung seines Rebellenimages, aber dann verließ er vorher die Band, und Gary musste sich an seiner Stelle das weiße Unterhemd vom Leib reißen. Es rührt mich jedes Mal verlässlich, wie er mit nacktem Oberkörper in seiner schwarzen Lacklederhose versucht, es auch mal krachen zu lassen, wie ein Klemmbürger beim Talentabend im Alles-inklusive-Urlaub, der eigentlich lieber etwas von James Blunt gesungen hätte, sich aber von den nun hinter vorgehaltener Hand kichernden Animateuren dazu drängen ließ, doch mal das in ihm schlummernde Feierbiest wachzurütteln, und jetzt hatte er den Salat. Egal wie schlecht gelaunt ich bin, wenn Mark »are you ready for a bit of Rock'n'Roll« ins Mikro mäuselt und Gary den Fantasietext *When the night comes, entertain us!* croont, muss ich jedes Mal lachen.

5. *Do What You Like*: Vermutlich liegt es daran, dass ich schon bei den ersten Autoscooter-Keyboardklängen an den Wischmop denke, mit dem den Boys im Video die blanken Kehrseiten feucht durchgefeudelt werden – *Do What You Like* ist mein liebstes Putz- und Aufräumlied. Ich höre es sehr laut zum Auftakt jeder Großreinemachaktion in meiner Wohnung, quasi um den äußeren und inneren Schorf aufzuweichen. Früher, in der letzten WG meines Lebens, hörte ich zu diesem Zweck gern das Album *Kampflieder der Arbeiterklasse* von Hannes Wader. Wie bei *Do What You Like* sang ich sehr laut mit, bis nach einer Weile mein davon aus seinem Tagesschlummer geschreckter Mitbewohner Holgi wortlos in seiner Zimmertüre stand und mich live auf seiner spanischen Gitarre begleitete. Irgendwann kam es mir ideologisch nicht mehr ganz hasenrein vor, beim Bodenschrubben an die ermordete Rosa Luxemburg zu denken, also denke ich jetzt an nackte Ärsche.

Allem Nagercharme zum Trotz war Mark nie mein Lieblingstakethatler. Zu Spitzenzeiten waren angeblich zwei Drittel der Fanpost an ihn gerichtet, und ich verstehe schon, warum sich vielleicht gerade jüngere Mädchen wegen seiner unbedrohlichen, eher weichen, ponyfransenverhangenen, so gar nicht kraftprotzerischen Männlichkeitsinterpretation für ihn begeistern konnten. Aber ich glaube trotzdem nicht, dass ich mich in ihn verknallt hätte, wären meine Pubertät und die goldenen *Take-That*-Jahre Anfang der Neunziger zeitlich günstiger zusammengefallen. Gut, wirklich wissen kann ich das nicht, die Geschichte der Popkultur-Crushes in meinen jüngeren Jahren ergibt kein konsistentes Bild – als Kind war ich zuerst in Heino und dann in den Bobtail von Andrea Jürgens verliebt gewesen, als erstes ganz entfernt boybandähnliches Konstrukt (gilt natürlich nicht wirklich, weil sie Instrumente spielten, statt Choreos zu tanzen) gaben irgendwann *The Teens* frühes Schwärmematerial für mich ab, da ging ich in die erste Klasse. Und konnte ich mich tatsächlich am ehesten für Alex, den Bassisten, begeistern, der wie Mark unter einer etwas zu langen Ponypartie in die Welt schnuffelte. *Gimme gimme gimme gimme gimme your love/I got heartache number one*, immer noch so gut.

Obwohl ich also bei Mark emotional nicht weiter

involviert war, war er wahrscheinlich hauptverantwortlich dafür, dass ich mich lange für meine Liebe zu *Take That* schämte und (außer meiner Schwester) lieber niemandem davon erzählte. Man muss ihn sich nur einmal in diesem Video zu *Relight My Fire* anschauen, wie er da selbstvergessen in einem Croptop mit »Junkie's Baddy Powder«-Aufdruck (eine ironische Anspielung auf »Johnson's Baby Powder«) tingelte und tangelte – wie konnte ich als erwachsene Frau bitte erzählen, dass ich so ein Bübchen und die von ihm und vier weiteren Bübchen produzierte krachkommerzielle Mainstreammusik ernsthaft gut fand? Also echt, ohne Witz jetzt, nicht, weil das »so schlecht ist, dass es schon wieder gut ist« – für mich eine der schlimmsten Geschmacksverrenkungen überhaupt.

Mit dreizehn Jahren wurde ich von meinen Freundinnen ausgelacht, weil ich gern *Spider Murphy Gang* hörte und Liedzeilen wie *Pfüati Gott, Adelgund/host mi busselt mit deim Honigmund* interessanter fand als *Madonna*. Mit 23 Jahren saß ich in meiner Studenten-WG und feierte meinen Geburtstag, vor einem Monat hatten sich *Take That* getrennt und ich hätte gern eine CD von ihnen eingelegt, aber wir hörten stattdessen angestrengt *Blumfeld*, als wir so rumsaßen und Fanta-Kuchen aßen. Ich liebe auch *Blumfeld*, wirklich, aber anders, und ihr schroffes Diskursrockalbum *Ich-Maschine* ist jetzt nicht unbedingt der beste Garant für überbordende Partystimmung. Heute kann ich es nicht mehr verstehen, aber damals war mir meine völlig unstudentische, unreflektierte und darum umso innigere *Take-That*-Liebe peinlich vor meinen beiden Mitbewohnern, mit denen ich am Küchentisch gelegentlich gezwungenermaßen tatsächlich über Hegel plauderte. Der eine studierte Medizin und Philosophie und sah, obwohl er meistens einen lilafarbenen Jogginganzug mit sehr engen Bündchen trug, frappant aus wie Hölderlin. Der andere trug ausschließlich beige Baumwollkleidung, war Frutarier und steckte gerade mitten in seiner selbst konzipierten »Woche der Sinne«, bei der er jeden Tag ein anderes Wahrnehmungsorgan ausknipste, um die anderen zu schärfen. An meinem Geburtstag hatte er darum einen dicken Schal mehrfach um die Augen geschlungen. Wir saßen also in meinem Zimmer und krümelten mit dem Fanta-Kuchen. *Montagmorgen erwachte ich als Miss-*

geburt/halt' mich trotzdem fest/Ich will morden/den Apparat, der dich und mich bloß Apparat sein lässt, dudelte aus dem CD-Player, *Could it be magic – now! Now!,* dudelte in meinem Kopf, und der Mitbewohner mit den verbundenen Augen lief auf dem Weg zum Klo scheppernd in das eh schon windschiefe Topf-und-Geschirrregal im Flur. Ich hatte damals (wieder abgesehen von meiner Schwester) wirklich niemanden, mit dem ich über *Take That* schwärmen konnte. Dem einzigen kitschliebenden Freund, den ich damals hatte, war ihre Musik nicht kitschig genug. Noch viele Jahre später zwang er mich, ohrenbetäubend laut James Blunt zu hören und nach Leibeskräften mitzusingen, während er mich nach unseren Ausgehabenden nach Hause brachte und wir in seinem tankergroßen Auto durch die Nacht sausten, aber *Take That* hörten wir nie zusammen.

Als ich irgendwann umzog, in ein Wohnheim, das einmal eine französische Kaserne gewesen war, hängte ich mir ein *Take-That*-Poster an die Wand. Allerdings klebte ich einen flauschigen Rahmen drumherum, den ich aus einer pinkfarbenen Federboa gebastelt hatte, als Alles-nur-Spaß-Signal. Daneben hing ein Poster aus den Siebzigerjahren, es zeigte Tony Marschall in einer unguten Engpellhose, aus der er jeden Moment grienend herauszubersten drohte. Auf einem Trödelmarkt kaufte ich mir irgendwann ein *Take-That*-Fanshirt, an einem dieser Stände, an dem es sonst eigentlich nur T-Shirts mit Indianern, Adlern, USA-Flaggen und Huskys gab – und trug es als Schlafhemd. Ich erinnere mich an ein Foto aus dieser Zeit, auf dem ich es anhabe, aufgenommen nach einer arg aus dem Ruder gelaufenen WG-Party: Meine damaligen Mitbewohner (deutlich weniger an Hegel interessiert als die alten WG-Genossen) und ich liegen in Agonie auf dem Sofa und sind gezeichnet von den Geschehnissen der Nacht, einer von ihnen hatte sich mit Edding dick »Nie wieder!« über den gesamten Unterarm geschrieben, ich trug eine Jogginghose, die Haare zerwühlt, bleich wie die Wand. Und eben mein *Take-That*-Shirt mit dem Bandfoto des *Everything Changes*-Covers, als Restromantiktupfen nach einer Lotternacht.

Auch wenn ich damals meine Liebe nicht nach außen trug, waren *Take That* immer in meinem Herzen. Nach außen aber kokettierte ich lieber mit meiner Begeisterung für diverse Britpop-Bands, was ja auch nicht gelogen war. Bei meiner ähnlich interessierten Peergroup gewann ich immens an sozialem Renommee, als mich der Träger der schönsten Britpop-Frisur der Stadt zu einem Ausflug nach Zürich einlud, um dort ein Konzert der Band *Kula Shaker* zu besuchen. Er wurde wegen seiner Ähnlichkeit mit dem *Blur*-Sänger allgemein als »falscher Damon« bezeichnet (es gab auch einen »falschen Liam«, aber den fand ich weniger überzeugend). Das Konzert hatte leider, wie wir erst in Zürich bemerkten, bereits vor einem Monat stattgefunden. Ich war gar nicht traurig, denn *Kula Shaker* war mir eigentlich zu indisch-verbimmelt. Auf dem nächtlichen Heimweg, als wir uns längst nichts mehr zu erzählen hatten, schob ich irgendwann wortlos die vorsichtshalber eingepackte Kassette mit meinen liebsten *Take-That*-Liedern in den Autoradio-Kassettenschlitz, er sagte nichts, das Band lief zweimal durch, bei *Back for Good* sangen wir mit, und das ist das Einzige, was ich von diesem Tag noch weiß.

Pop ist Umarmung und Abgrenzung, meistens funktioniert das gleichzeitig. »Hell is other people's music«, schrieb der Musiker Momus mal irgendwann, und tatsächlich war mir die Frage, welche Musik ich gern höre, eine Zeit lang fast weniger wichtig als eine Aufzählung der Musik, die ich auf keinen Fall hören würde. Beim Erwachsensein habe ich in den letzten Jahren gelernt, dass Geschmack nicht anstrengend sein muss, nicht immer mit ausgefahrenen Ellenbogen nach links und rechts keilen muss, um sich abzugrenzen, die Erkenntnis kam fast unbemerkt von mir selbst. Heute sind mir diese Distinktionsspielchen angenehmerweise ziemlich egal, weil mir Menschen und ihre Meinungen generell egaler geworden sind, was erst mal garstig klingt, aber wahnsinnig entspannend sein kann.

Mark steckte nach der Trennung von *Take That* bis zum Hals in selbstrestauratorischen Ausklamüserarbeiten: Er musste herausfinden, wer er sein, wie er klingen wollte – und was und wie eben auf keinen Fall mehr. Die Prognosen für seine weitere Karriere standen gut, schließlich war er der unbestrittene Fanliebling. Doch leider beschloss er in einem rührenden Rebellionsversuch gegen sein bisheriges Image, fortan als leicht hippiehafter Grungeboy auftreten zu wollen (er besaß schon zu aktiven *Take-That*-Zeiten einen Leguan namens Nirvana, man hätte es ahnen können). Die Unternehmung ging grandios schief, sein erstes Album floppte, zumindest gemessen am gigantischen Erfolg seiner vorherigen Band, und auch seine folgenden Versuche blieben weitgehend glücklos. 2002 nahm er an der britischen Version von *Promi Big Brother* teil, zusammen mit weiterer popkultureller Ablaufware wie Drum-and-Bass-DJ Goldie und Les Dennis, der fünfzehn Jahre lang die britische Version der Gameshow *Familienduell* moderiert hatte. Mark brach in Tränen aus, als er das Haus tatsächlich als Sieger verließ.

Seine Gabe, die Menschen für sich einnehmen zu können, hatte er auch in der musikalischen Versenkung nicht verloren. Sogar aus seinem Sexskandälchen, dem Betrugsgeständnis, der öffentlichen Beschämung, kam er 2010 weitgehend unbeschadet wieder heraus. Heute sieht er nicht mehr wie ein Hörnchen aus, eher so, als arbeite er fast schon mutwillig an seiner optischen Verwandlung in einen leicht zerrütteten Edelluden (mit goldenem Herzen). Als wolle er heute, in seinen Vierzigern, gern alles sein, nur bitte nicht mehr niedlich. »Ich habe beim Voting einer Popzeitschrift einmal die Kategorie ›Best Bum‹ gewonnen«, sagte er in einem Interview. »Und ich musste später erst herausfinden, ob ich mich noch durch andere Sachen auszeichne oder nur dadurch, einen guten Hintern zu haben. Um ehrlich zu sein: Ich bin mir immer noch nicht ganz sicher.«

Womöglich ist Mark heute in der aktuellen Dreierkonstellation noch wichtiger für *Take That* als damals in seiner Rolle als Lächelnder: Weil er eine Note knittriger, fehlbarer Menschlichkeit in die Band bringt, ein Gegengewicht zum manchmal allzu bombastverliebten Gary, der immer gleich die Welt beherrschen oder wenigstens den großartigsten Tag seines Lebens erleben will. Zwischen seinen immer sehr ernsthaften Hymnengewittern ist ein mausezahniges Liedchen wie *Shine*, von Mark ganz ohne Stadionpose gesungen, dramaturgisch extrem wichtig, um nicht völlig in powerpoppige Schwulstwelten davonzugaloppieren. Ich mag Mark noch mehr, seit seine Haare nicht mehr perfekt liegen und etwas zottelig sind, seit er ein paar Knackse bekommen hat. Die *Take-That*-Singles *Shine* und *Hold Up A Light*, die er beide singt, sollen angeblich als

Ermunterungslieder für Robbie geschrieben worden sein, als der mit seiner Psyche rangelte. Obwohl es natürlich schmerzt, ist es gut zu wissen, dass Mark auch selbst weiß, wovon er da singt, wenn er Zeilen wie *Don't you let your demons pull you down* schnuffnäselt.

ROBBIE WILLIAMS
DIE RÜCKKEHR DES VERLOTTERTEN SOHNS

Das Missverständnis muss ähnlich groß gewesen sein wie damals, als ich versehentlich zusammen mit den *Jacob Sisters* und einigen ihrer Pudel zur Beisetzung von Rudolph Moshammer auf den Münchner Ostfriedhof gekarrt wurde. Ich hatte den öffentlichen Trauergottesdienst für den ermordeten Modeschöpfer besucht und wurde anschließend von einem Sicherheitsmenschen aufgrund einer mir bis heute rätselhaften Verwechslung in den VIP-Busshuttle gewinkt, der die engsten Promifreunde direkt zum Mausoleum chauffierte. Ein vergleichbarer Irrtum wie ein paar Jahre später, als ich ebenfalls versehentlich eine Einladung zur Präsentation eines neuartigen, außergewöhnlich quarkigen Käses, genannt Quäse, bekam, durchgeführt von Alfred Biolek auf einem Hausboot, obwohl ich da als Redakteurin bei der *Financial Times Deutschland* arbeitete, die nicht unbedingt für ihre übergroße Schmandproduktexpertise bekannt war. Es klang wie ein Fiebertraum, und natürlich ging ich hin. Wie ich auch zu jener Veranstaltung angereist war, zu der ich ebenfalls wohl nur geladen wurde, weil es erneut zu einer Verwechslung gekommen sein musste, wie man sie sonst nur in soliden deutschen Komödien sieht, bei denen ein kregler Schimpanse im Ringelshirt für köstliche Verwirrungen sorgt: Obwohl ich damals bei einer semimondänen schwäbischen Regionalzeitung arbeitete, bekam ich eine Einladung zu einer Autopräsentation, auf der Robbie Williams ein sehr sonderbares Smartmodell ohne Dach und Scheiben, eine Art Strandbuggy also, präsentieren sollte.

Robbie hatte gerade sein Coveralbum *Swing when you're winning* veröffentlicht, das mich nur leidlich interessierte, aber hey, es war immer noch Robbie, und natürlich flog ich nach Hamburg, um ihn zu sehen, ihm bei der Pressekonferenz womöglich persönlich eine Frage stellen zu können. Am Veranstaltungsort angekommen, wurde mir allerdings der

Zugang zum Journalistenbereich verwehrt, meine Einladung gelte nur für die Promiparty am Abend, hieß es, was komplett sinnlos und verwirrend war, und ich fühlte mich einmal mehr wie Hrundi V. Bakshi aus meinem Lieblingsfilm *Der Partyschreck*, der täppische Verlegenheitsgriener, der nur aufgrund einer verrutschten Unterschrift auf einer schicken Hollywoodparty landet und dort heillose Verwüstung anrichtet.

Die Party mit Robbie war absolut schrecklich. Ich stand zwischen einem Ex-Bundesligaspieler, einem Ex-*Bro'sis*-Sänger und weiterer Abgehalfterten-Prominenz, als Robbie auf die kleine Bühne kam, vielleicht drei Meter von mir entfernt. Er trug einen kamelfarbenen Mantel und eine Schiebermütze, rauchte, sang *Mr Bojangles* und schaute mit Todesverachtung herab auf das schnittchenfressende Partypack, das sich demonstrativ cool nicht wirklich für ihn zu interessieren schien. Ich schaute so begeistert, wie ich konnte, und machte auch einmal *Woo-hoo*, er steppte ein bisschen und hasste sein Leben in diesem Moment augenscheinlich sehr. Dann fuhr er mit dem lächerlichen Auto durch eine Papierwand hinaus in die dunkle Hamburger Speicherstadt und verschwand, und ich war, schwerst enttäuscht vom fies verfratzten Kommerzcharakter der ganzen Veranstaltung, sogar zu deprimiert, mich in eine Durchbrennfantasie mit ihm zu flüchten.

Ich liebe Robbie, weil er zwei Dinge vortrefflich kann: Dinge zerscheppern – und sie anschließend wieder zusammensetzen. Seine Geschichte ist die Rückkehr des verlotterten Sohns: Mit seinem suffseligen Abgang läutete er 1995 das sich langsam anschleichende Ende von *Take That* ein, er spielte formvollendet den Bad Boy und zettelte eine unüberwindbar geglaubte Erzfeindschaft mit Gary an – um kaum fünfzehn Jahre später mit ihm zusammen die gleichermaßen rührende wie clevere Versöhnungshymne *Shame* zu schreiben. Robbie und mich eint eine gewisse Neigung zur Pöbellaune und eine Schwäche für öffentlich ausgetragene Rivalitäten, völlig aus dem Ruder laufende Schmähungen und operettenhafte Schlammschlachten, wenn sie gut gemacht sind. Und durch Robbie habe ich überraschend gelernt, dass ich Versöhnungen mag.

Robbie ist ein klassischer Trickster, ein traditioneller Possenreißer, der mithilfe schelmiger Sabotagemanöver an der gott- oder in diesem Fall Gary-gegebenen Ordnung im *Take-That*-Universum rüttelte. Gary riss mit seinen Liedern und Texten ein Stimmungs- und Ideensystem auf, das Robbie öfter mit kleinen, manchmal mikroskopisch winzigen Manövern störte. Meistens war das sein breites, schimpansiges Grinsen oder eine alberne Grimasse, die er bei Liveauftritten an den unpassendsten, weil gefühligsten Stellen zog und damit immer wieder eine hauchdünne Perforationsnaht in die glatte Boygrouptraumwelt stanzte: War das alles vielleicht doch gar nicht ernst gemeint, all das Sehnen nach Liebe, das Warten auf die eine, sondern nur ein großer Ulk?

Am meisten irritierte mich schon beim ersten Hören das von Robbie gesungene Lied *Everything Changes*: Es spielt in akuter Aufbruchsstimmung, das Liebespaar hat sich gerade verabschiedet, sein Taxi wartet unten schon, und nun gibt er ihr, bereits halb auf der Treppe, noch eine kurze Liebesversicherung – die bei ihr allerdings alle Alarmglocken schrillen lassen sollte. Eigentlich würde man in einem solchen Moment erwarten, dass der Erzähler der temporär Zurückgelassenen verspricht, sie müsse sich keine Sorgen machen, auch wenn sie jetzt erst einmal getrennt wären, würde sich an ihrer Liebe nichts ändern, stattdessen schmettert er fröhlich: *Everything Changes but you!* – alles ist im Wandel, nur du bleibst zu Hause hocken und erstarrst in Bräsigkeit, also dann mal tschüss!

Im Refrain bekommt er kurzzeitig die Kurve, versichert, sie zu lieben, obwohl sie gleich tausend Kilometer getrennt sein würden, und dass er jeden Tag an sie denken würde – um in der nächsten Strophe putzmunter zu verkünden: *The rumour's true, you know that there've been others/What can I do, I tell you baby they don't mean a thing*. Sie solle sich darum bitte beruhigen und ihre Liebe nun nicht gleich verletzt verklappen, bald sei er ja wieder zu Hause, zurück in ihren Armen. Ein Liebeslied klingt irgendwie anders. Wenn man genauer hinschaut und leicht an der zarten Schmelzschicht kratzt, finden sich in vielen weiteren Liedern deutliche Knackse in der heil gewähnten Schmusewelt. Ist *Take That* – Schocker! – vielleicht subversiver als gedacht?

Love ain't here anymore – was alles an der Liebe nervt, according to Take That:

1. Es ist alles so unsicher. Selbst bei einem Lied, das *Sure* heißt, geht es gleich mal so los: *Last time we met, I wasn't so sure – not so sure*. Dass er sich seiner Liebessache wirklich sicher ist, beteuert Gary nur im Refrain, in den Strophen hofft und träumt er nur vor sich hin, dass sie ihn vielleicht, möglicherweise, anrufen könnte.

2. Es ist ein ewiges Hin und Her. Eine Konstante in der *Take-That*'schen Sprache der Liebe ist das Dauerflehen, ständig soll jemand zum sehnenden Erzähler zurückkommen oder er selbst von jemandem zurückgenommen werden, am prominentesten natürlich in *Back for Good*. Aber auch in *A Million Love Songs* heißt es: *Take me back, take me back / To where I used to be*, und in *Pray* wird sogar der Herrgott mit hineingezogen: *All I do each night is pray/Hopin' that I'll be a part of you again someday.*

3. Es ist eine elende Feilscherei. Öfters mal muss das Objekt der Begierde erst hartnäckig zermürbt werden, bevor es bereit ist, in eine Liaison einzuwilligen. *It Only Takes a Minute* zieht in seiner Argumentation interessante Vergleichswerte heran;

sich zu verlieben dauere nämlich eben wirklich nur eine Minute und sei deshalb anderen, weitaus zeitaufwendigeren Tätigkeiten vorzuziehen: Mit einer Grippe etwa läge man schnell mal dreißig Tage flach, und beim Arbeitsamt kann man einen ganzen Tag verplempern, wenn man zu einem Beratungsgespräch einbestellt wird. Ein bisschen würdelos wird die Feilscherei in *Satisfied*: *Making love is all you wanted me for*, jammert Gary, allerdings sei die Bömmelei nicht zufriedenstellend ausgefallen, *You're never satisfied, you're never satisfied*. Darum erbittet er ein Umdenken bei der mäkeligen Bettpartnerin: *If you open your mind you'll see/That you could be satisfied with me*.

4. Es ist alles nur Beschiss. *Promises* ist ein munteres Lied, das allerdings in ein ähnliches Horn wie Andrea Bergs *Du hast mich tausendmal belogen* tutet: *Your promises have never been anything you made them seem/So what you gonna promise me this time?*

5. Es könnte woanders alles viel schöner sein. *Once you've tasted love* klingt zunächst wie eine solide Affirmation des Pärchenwesens: Wenn man erst einmal die Liebe gekostet hat, wird das Tor in eine neue Welt aufgestoßen, schmalzt der Re-

frain. Um in den Strophen dringend zu empfehlen, sich vor einer engeren Bindung gründlich umzusehen. Man solle doch bitte schön nicht gleich denken, das wäre jetzt wirklich der oder die eine: *Calculate your needs/I see there's room to plant your seeds*. In einer wirklich unangenehmen Farmermetapher rät der Erzähler, unbedingt mehrere Pflänzchen gleichzeitig wachsen zu lassen, um am Ende zu entscheiden, welches das kräftigste ist und behalten werden darf.

Wenn es einen Robbie-Moment gibt, den ich gern selbst miterlebt hätte, so ist dies ganz klar sein Besuch auf dem Glastonbury-Festival 1995 – der entscheidende Schubser, der Robbie aus der Band beförderte. Vorangegangen waren Wochen, vielleicht Monate der ständigen Entgleisungen, des Suffs und der Ausfälle. »Robbie« hatte sich immer mehr zur unkontrollierbaren Kunstfigur entwickelt, wie eine böse Bauchrednerpuppe, die sich gegen Rob stellte, der die Puppe doch eigentlich spielen und kontrollieren sollte. Auf dem Festival entgleiste Robbie dann komplett, fuhr mit einem Rolls Royce vor, aus dem er zusammen mit drei Flaschen Champagner purzelte, protestblondiert und besoffen. Er malte sich einen prominenten Zahn schwarz an, als sei er in eine Schlägerei geraten, und er hing mit Liam Gallagher ab, was mir nicht so gut gefiel, weil ich in den damals tobenden Britpop-Kriegen eindeutig auf der Seite von *Blur* stand, über deren Bassist Alex James Robbie einmal sagte, seine Mutter könnte sofort problemlos dessen Position einnehmen, sie bräuchte nur eine neue Frisur. Ich mag Alex James, weil er im Laufe der Jahre so herrlich verwittert ist. Er besitzt jetzt eine Farm, auf der er eigenen Käse macht, der leckerste ist ein blauschimmliger Stinker namens »Blue Monday«, nach dem *New-Order*-Song, er schmeckt ausgezeichnet mit etwas Birnenchutney.

Irgendwann stolperte Robbie dann Jarvis Cocker vor die Füße und behelligte ihn mit selbst verfassten Gedichten, die er ihm unbedingt vortragen wollte. Ich verehre Jarvis Cocker sehr, und ich bin wahnsinnig neidisch auf die abschließende Szene, in der Jarvis Robbie einen Button mit der Aufschrift »Common People« an das T-Shirt heftete. Es sollte eine Vorausschau sein, ein self-fulfilling Anstecker: Vier Wochen später wurde Robbie aus der Band komplimentiert, aus dem britischen Popadel verstoßen und war offiziell wieder ein Bürgerlicher.

Auf der Hülle von *Nobody Else*, dem neuen Album, das einen Monat später erschien, war Robbie noch zu sehen, aber umgeben von so viel Plunder, dass es nicht weiter auffiel. Das Cover wirkt wie ein Altar, passend für etwas, das gerade gestorben war: In der Mitte die fünf Bandmitglieder, verkörpert von ihren Merchandise-Puppen, drumherum eine Miniaturwunderkammer aus Kram: Ein Zahnbürstenhalter in Form eines Daleks von *Dr. Who* (aus Garys Kindheitsbeständen), ein kleines Büchlein namens *The Art of Wisdom*, in dem Mark zum Zeitpunkt des Shootings herumlas, ein winziges Täschchen, das Robbie gehörte und von dem niemand wusste, was drin war (die meisten vermuteten, ein Babyzahn), ein kleiner Buddha, den Jason von seiner ersten Japanreise mitbrachte. Howards Tinnefbeitrag bleibt unklar. Dazu waren fünf kleine Clownfiguren über das Sammelsurium verstreut, die jeweils ein Bandmitglied repräsentieren sollen, ein Armband aus Plastiksternen, das Adam Ant gehört – er kam zufällig ins Studio, als das Cover fotografiert wurde, und steuerte es spontan bei – und allerlei Kleinklimbim mehr.

Dass Robbie als erste Solo-Single ausgerechnet eine Coverversion von *Freedom* aufnahm, war natürlich ein Affront, weil nach allgemeiner Meinung ja Gary die Nachfolge von George Michael antreten sollte. Ich fand es schade, dass Robbie sich nicht zu der angekündigten Umdichtung von *Back for Good* in »Sacked for good«, »Rausgeschmissen für immer«, hinreißen ließ. Nach überstandener Rebellophase umkreisten seine großen Hits dann vor allem den eigenen fragilen Zustand, der Soundtrack für ein ausgestelltes Wrack: *Angels*, *Feel*, *Come Undone*, immer ging es um die Sehnsucht, gerettet zu werden, endlich bei irgendwem eingekuschelt zu sein, als warte Robbie, verschüttet unter all seinen Ängsten und issues, auf einen Liebesbernhardiner, der ihn da wieder ausgräbt. Mit *Strong*, *No regrets* und schließlich *Singing for the lonely* perfektionierte er seinen Selbstzerknirschungspop, vor allem letzteres Lied klang wie ein vertonter psychiatrischer Diagnosezettel: Er singt von *paranoia, anger, misplaced feelings*, von der Angst, andere könnten ihn langweilig finden. Und davon, dass er sein Leben damit verplempere, auf den Refrain zu warten, weil die Strophen einfach nicht annähernd gut genug seien.

Ich mochte Düster-Robbie ein bisschen lieber als Prahle-Robbie (wenn er nicht gerade in seinen Liedern litt, knöpfte er sich ja ganz gern mal die Hose auf, um seinen Tigerslip zu präsentieren, oder spielte anderweitig den cocky Sexgott), aber ich mag den alten Prahle-Robbie sehr viel lieber als den neueren Miracle-Morning-Robbie aus dem Mantra-Schunkler *I love my life*: *I am powerful/I am beautiful/I am free*. Das freut mich für ihn persönlich, aber anhören mag ich mir das bitte nicht.

Beim Gigantenkampf Robbie versus *Take That*, oder genauer gesagt Robbie versus Gary, der nach Robbies Rauswurf sofort lichterloh loderte, hielt ich tendenziell eher zu Robbie, weil Gary mir in seinen ersten beiden Singles und Videos deutlich zu bausparerisch rüberkam. Russell Brand bezeichnete die Rivalität der beiden als einen »hochkomplexen, wendungsreichen Machtkampf von shakespearischen Ausmaßen«. So weit würde ich nicht gehen, es fühlte sich eher an, als hätte sich ein Pärchen getrennt, mit dem man befreundet war, und man müsse sich nun entscheiden, mit wem von beiden man befreundet bleiben will; lieber in Zukunft mit Robbie zum Saufen oder mit Gary zum Tag der offenen Tür in der Fertighausmustersiedlung? Der Unterschied zwischen beiden Systemen zeigte sich schon in der Konzertbegrüßung. Robbie kam bei seinen Soloshows auf die Bühne und sagte: »For the next two hours, your ass is mine.« Mark eröffnete etwa zur selben Zeit eines der ersten Konzerte nach der Wiedervereinigung mit »We are *Take That*, and for the next few hours we are all yours«.

Dass die Gemüter von Robbie und Gary früher oder später gewaltig clashen würden, war eigentlich schon beim ersten Zusammentreffen in Nigel Martin-Smiths Castingkabuff klar: Gary, neunzehn, soll Robbie, fünfzehn, der Legende nach »son« genannt haben. Tatsächlich habe der Manager ihn bewusst als eine Art Bestimmerfigur innerhalb der Band installiert, sagt Gary im Rückblick. Und so wurde er zwangsläufig der Vater, gegen den Robbie rebellieren musste, obwohl sie doch eigentlich Bandbrüder sein sollten. Dass er Gary, der sich ihm musikalisch so überlegen fühlte, im direkten Solovergleich scheinbar mühelos überholte, dürfte Robbie eine große Genugtuung gewesen sein. Spätestens im Herbst 1999 schien dieser Kampf endgültig entschieden: Im Oktober erschien Garys Single *All that you want* und verkaufte weniger als 20.000 Einheiten. Im November erschien Robbies Single *She's the one* und verkaufte vierzigmal so viel.

Dass sich die beiden dreizehn Jahre nach ihrem final gedachten Bruch schließlich wieder versöhnt haben, ist eine dieser raren Gelegenheiten, bei denen auch mein hochmisstrauisches Unkenherz aufrichtig glauben möchte, dass dies keine unterhaltungsindustrielle Inszenierung, sondern einfach wahr und echt ist – wenn man so etwas nicht mehr für möglich halten kann, ist man wirklich geliefert. Und ich liebe *Shame*, ihre countryselige Zusammenraufungshymne, die sie gemeinsam für Robbies zweites Greatest-Hits-Album *In and Out of Consciousness* schrieben. Es beginnt mit *Blackbird*haftem Gitarrenklimpern, dann setzt Robbie mit einem *Rashomon*-Move ein und erklärt, es gebe unterschiedliche Interpretationen und Sichtweisen auf ihr Zerwürfnis: *Well there's three versions of this story/Mine and yours and then the truth*. Der folgende Text ist voll cleverer Anspielungen, etwa wenn Gary singt, die Tränen, die er über den Streit vergoss, könnten mühelos die Albert Hall überschwemmen – jene Konzerthalle, in der Robbie sein legendäres *Swing when you're winning*-Konzert gab. Und die Zeile *I don't recall the reasons why/I must have meant them at the time* ist für mich ein klarer, reiferer Widerhall der *Whatever-I-said*-Stelle aus *Back for Good*. Besonders liebe ich die letzten Worte des Liedes, bei denen beide abwechselnd *What a shame, shame, beautiful shame* singen, als könnten sie sich doch noch nicht ganz entscheiden, wer das letzte Wort haben darf.

Schöner als das Lied ist nur das dazugehörige Video mit seinem unverkennbaren *Brokeback-Mountain*-Vibe. Wie die beiden, angetan als Cowboys, sich von der gegenüberliegenden Straßenseite anbeamen! Wie sie zwar jeweils mit einer Frau tanzen, aber dabei ständig den Blick des anderen suchen! Wie sie schließlich wandern gehen, angeln, sich dabei immer wieder heimlich gegenseitig beobachten, wie sie plötzlich ihre Hemden ausziehen, auf einen Felsen klettern – und dann doch nicht runter in den Teich springen, weil es einfach zu hoch ist. Sich stattdessen umarmen und wieder nach unten klettern. An manchen Tagen halte ich dieses Video für das beste, das ich je gesehen habe, ich scherze nicht.

Die Rückkehr von Robbie, dem verlottert-verlorenen Sohn, ist die letzte kleine Scherbe, die fehlte, um die bei einem Wutanfall zerdepperte, notdürftig zusammengesetzte Vase wieder völlig heil zu machen. Dieses für immer verloren geglaubte Stückchen, das man nach Jahren in einer Sofaritze findet und das das unrettbar gedachte Schepperstück endlich komplettiert. Wahrscheinlich rührt mich diese Aussöhnung so sehr, weil sie eine wichtige Versöhnung in meinem eigenen Leben echot, bei der *Take That* mir ein paar Jahre zuvor geholfen hatten. Drei Jahre, um genau zu sein, es war 2007. Meine Schwester und ich hatten uns damals vermeintlich unkittbar überworfen, eine blöde Kleinigkeit wühlte lange Gärendes nach oben, es war kompliziert. Ein Jahr lang hatten wir keinerlei Kontakt, die Fehde artete derart aus, dass wir beim gleichzeitigen Weihnachtsbesuch zu Hause bei der Familie kein Wort miteinander sprachen. Derart hoffnungslos verkrustet war unser Groll, dass ich keinen Weg wusste, ihn wieder beizulegen, obwohl ich oft darüber nachdachte. Bis ich die Ankündigung zur *Beautiful-World*-Tour sah, die ersten *Take-That*-Konzerte in Europa seit 1994.

Wir wissen beide nicht mehr, wer wen angerufen hat, um zu sagen: *Take That* kommen in die Stadt, lass uns hingehen. Wir fuhren zusammen zur Halle und wussten beide nicht, was wir sagen sollten. Dann begann das Konzert, Gary, Mark und Jason standen in grauen Anzügen vor einer gar nicht mal so dezent an einen totalitären Parteitag angelehnten Kulisse an Rednerpulten und sangen *Reach out*. Sie waren zu dritt, weil Howards Lunge vor ein paar Tagen während des Konzerts in Wien bei einem besonders akrobatischen Tanzelement kollabiert war und Robbie seinen Weg zurück noch nicht gefunden hatte. Bei der letzten Zeile der ersten Strophe – *Are you my enemy or my friend?* – lagen meine Schwester und ich uns das erste Mal in den Armen, beim Refrain – *How can we be fighting/We're all connected it's true* – weinten wir zum ersten Mal Rotz und Wasser. Vom neu arrangierten *It Only Takes a Minute*, das gleich danach kam, bekamen wir nicht viel mit und merkten erst später, als wir uns das Konzert auf DVD ansahen, dass die in einem Stripclub angesiedelte Choreografie den Song von einem Liedchen über das plötzliche Knallverliebtsein zu einem traurigen Hymnus über vorzeitigen Samenerguss umgedeutet hatte. Nach dem Konzert kauften wir die Unterhose mit dem »Could it be magic«-Aufdruck, und wir haben uns seitdem nie mehr gestritten. Neeheee-ver!

Vier Jahre später waren Andrea und ich wieder zusammen auf einem *Take That*-Konzert, diesmal sollte auch Robbie dabei sein. Sein Abgang hatte seinerzeit zwar eine Narbe hinterlassen, doch die war, fand ich, über die Jahre eigentlich ganz hübsch verheilt. Er fehlte mir nicht, er war ja da, nur eben separat, TT4 funktionierte für mich sehr gut ohne ihn. Ich erinnere mich an die schöne Symmetrie einer Live-Performance von *Back for Good*, Gary, Mark, Howard und Jason bildeten einen Gesangskreis, wandten sich dann aber zum Publikum und standen da wie Statuen der vier Evangelisten an den Ecken einer Kirchenfassade, jeder blickte in eine Himmelsrichtung. Man kann die Evangelisten übrigens an ihren Begleitwesen erkennen: Markus hat den Löwen als Symbol, Lukas einen Stier, Johannes einen Adler und Matthäus einen Menschen (boring!), gelegentlich auch einen Engel (kitschig!). Für die vier Takethats würde ich folgende Verteilung vorschlagen: Mark bekommt logischerweise die Haselmaus, Howard (in Erinnerung an seine unsägliche Rastafrisur) ein schottisches Hochlandrind, Gary einen Labrador (charakterliche Ähnlichkeit) und Jason ein Okapi (äußerliche Ähnlichkeit).

Ich hatte Robbie live also nicht vermisst, aber mir gefiel, wie er bei den Konzerten der *Progress*-Tour reintegriert wurde: Er war nicht von Anfang an mit auf der Bühne, sondern hat irgendwann seinen großen Auftritt, singt seine Solohits und verschwindet wieder. Um beim Beispiel der zerdepperten Vase zu bleiben: Sie wurde mit sichtbaren Nähten geklebt, wie bei der japanischen Kunst des Kintsugi, mit goldenen Flickstellen, statt einfach so zu tun, als sei sie nie kaputt gewesen.

Leider erfuhr ich 2012 zu spät von einer geisteswissenschaftlichen Konferenz in Manchester, die komplett der Wiedervereinigung von *Take That* gewidmet war: »Making things whole again – the *Take That* reunion.« Ein Vortrag hätte mich besonders interessiert, er behandelte Robbies Ausstieg aus psychoanalytischer Perspektive – der Weggang sei für die Fans mit dem Verlust eines idealisierten Objekts vergleichbar gewesen und habe möglicherweise unbewusste Schuldgefühle getriggert, die durchaus die zukünftigen Objektbeziehungen eines Fans beeinflussen könnten. Etwas weniger dramatisch gedacht gefällt mir die tröstliche Idee, dass wenigstens in der Popwelt alles wieder heil werden kann. Weil unser Leben so fragmentiert ist, dass es uns oft matt und zerschmettert macht, weil man einfach schon lange nicht mehr an ideale Lösungen glauben kann. Wir leben in einer postpathetischen Zeit, und da fällt es schwer, einfach darauf zu hoffen, dass sich alles Üble, mit dem man täglich rangelt, doch irgendwann wundersam einrenken wird. Schön, wenn sich wenigstens manchmal unerwartet alles wieder fügt.

Einer meiner liebsten Robbie-Momente ist seine echte Rückkehr in die Band, die erste gemeinsame Single im Juli 2010. Ich stelle mir die diplomatischen Beratungen darüber, wer die Leadstimme singen dürfe, sehr diffizil vor: Sollte Gary den Hauptpart übernehmen, würde das Robbies Rückkehr unangemessen herunterspielen. Sollte Robbie die Leadstimme singen, würde ihm das nach allem Zank direkt wieder zu viel Deutungshoheit über seine Gerade-noch-Ex-Band geben. Sollten Mark oder Howard singen, würden alle munkeln, ob sich

Gary und Robbie über die Leadfrage direkt wieder überworfen hatten. Jason, den armen, armen Jason, muss man in diesem Zusammenhang erst gar nicht in Erwägung ziehen.

Auf *The Flood* teilen sich schließlich Robbie und Gary die Hauptstimme. Ich liebe dieses Lied, weil es hymnisch getragen ist, unbestimmt aufmunternd auf mich wirkt und einen komplett irrwitzigen Text hat. Nicht zu vergessen der Schnappgesang im Refrain, dieser wunderbare, absolut mitreißende Schnappgesang! *Al-though no-one un-der-stood/we were hol-ding back the flood!*

Falls jemand irgendwann daran interessiert sein sollte, mich bei *Wer wird Millionär?* als Telefonjoker einzusetzen, würde ich mich gern für folgende Wissenskategorien andienen: Seltene Hunderassen, Heiligenlegenden, Portwein, das britische Königshaus und *The Flood*. Ich denke oft, möglicherweise zu oft über die Bedeutung dieses durch und durch rätselhaften Liedtextes nach. Wenn mein – verglichen mit mir deutlich lebenstüchtigerer – Bruder mir einen nützlichen, aber etwas komplexen Tipp für die Steuererklärung gibt und mein Kopf schon nach den ersten Worten wegdriftet, kruschtelt es wahrscheinlich in den verborgenen Bezügen von *The Flood*. Wenn ich mich beim Meditieren dabei ertappe, wie meine Gedanken davonschlendern – »it's okay if the mind wanders off«, sagt die Einlullstimme aus meiner App regelmäßig in diesem übertrieben gütigen Werther's-Echte-Opa-Ton – sezieren sie wahrscheinlich gerade Einzelbilder aus *The Flood*. Manchmal stelle ich mir meine Sterbeszene vor, bei der ich mich auf der Bahre noch einmal mühsam aufrichte, um mit krähiger Stimme zu verkünden, ich wüsste jetzt, was die Zeile bedeutet, in der *Take That* verkünden, sie hätten »dem Mond und den Sternen vergeben«.

Das Musikvideo zum Rätsellied war relativ simpel zu entschlüsseln: TT5 liefern sich ein Ruderduell mit einem fremden, deutlich jünger besetzten Fünferboot. Sie verlieren das Rennen und rudern nach der Ziellinie mit unvermindertem Tempo einfach weiter, vorbei an den berühmten Londoner Sehenswürdigkeiten, bevor sie irgendwo im stürmischen Meer verschwinden. So weit, so leicht zu deuten. Aber der Text? Was genau sollte *Although no one understood/we were holding back the flood/Learning how to dance the rain* bedeuten? Wo genau sind sie am Liedanfang, wenn sie »auf dem Rand der Ewigkeit« stehen? Bei welchem Anlass haben sie Mond und Sterne getroffen, und welche Verfehlung haben sie den Himmelsgestirnen anschließend verziehen?

Meiner bevorzugten Theorie nach handelt es sich bei dem Liedtext um eine veresoterischte Bandgeschichte: In ihrer frühen Ruhmesphase (*on the edge of forever*) sangen sie all diese Lieder über Emokram (*shouting love at the world*), wobei sie im Stillen zwar unter den Grauslichkeiten des Business litten (*bleeding, but non of us leaving*), aber Widerworte wurden vom Manager nicht geduldet (*watch your mouth son/or you'll find yourself floatin' home,* ein Zitat aus *Star Wars 4: A New Hope*). Also hielten sie Wut, Erschöpfung und alle anderen ungewollten Emotionen (*the flood* eben) in ihrem Inneren verstaut. Lebten für die Momente, in denen sie vor ihren Fans auf der hell beschienenen Bühne standen (*we will meet you/where the lights are*). Hingen mit liebesschleierigem Blick als Poster an so vielen Schlafzimmerwänden (*Through our love drowned eyes/we'll watch you sleep tonight*). Spielten sie dann mit *learning how to dance the rain* auf all die verwässerten

Musikvideos an, in denen sie im Regen tanzten und im Meer planschten?

Ich habe schon viel Zeit in diversen Onlineforen zugebracht, um alternative Deutungen zu suchen. Manche glauben, *The Flood* besinge den Krieg gegen die Nazis, andere lesen den Text als Schilderung der Sintflut aus der darüber schwebenden Perspektive eines Engels, wieder andere erkennen darin Anspielungen auf die Nibiru-Katastrophe, einer Kollision zwischen der Erde und einem großen Planeten, die uns im 21. Jahrhundert noch ins Haus stehen soll.

Was auch immer das Lied bedeuten soll: Ich musste, als ich es live hörte, sehr weinen – mal wieder, ich weiß. Aber wer bei einem Lied namens *The Flood* nicht alle Schleusen aufmacht, hat billige Popmetaphern nie geliebt.

HOWARD DONALD
DIE KEHRSEITE DER KANAILLE

Ich habe Howards nackten Hintern live gesehen. Als er 2007 beim *Beautiful-World*-Konzert in Hamburg wegen einer Lungenverletzung nicht auftreten konnte, kam er trotzdem für ein kurzes Grußwort im OP-Kittel auf die Bühne. Erst als er sich danach umdrehte und wieder abging, konnte man sehen, dass der Kittel rückwärtig komplett offen klaffte und Howard darunter splitternackt war. Ich saß bei bester Sicht auf der Tribüne, und eventuell habe ich mit 34 Jahren zum ersten Mal auf einem Konzert wirklich und sehr aufrichtig gekreischt.

Ich liebe Howard für seinen Arsch-Aktivismus. Das Erste, was mir zu ihm einfällt, ist sein Hintern, und danach kommt dann leider nicht mehr viel anderes, aber daran ist er durch seine notorische Hinternfreilegerei im Laufe der Jahre ein bisschen selbst schuld, und ich glaube fast, so ist die Howard-Persona im *Take-That*-Kontext auch gedacht. Er lüftet gern, würde meine Mutter sagen, legendär ist seine tatsächlich komplett gesäßlose Teufelshose, die er zeitweilig bei Live-Darbietungen von *Relight my Fire* trug; er scheint eben ein passionierter Poperzen-Zeiger zu sein, auch wenn er heute als Mittvierziger seltener Gelegenheit dazu hat. Seine extrem offensiven Bühnenoutfits der Neunzigerjahre aber brachten mit ihrer Umkehrung stereotyper Geschlechterrollen zumindest einen Knacks in die patriarchale Geschlechterökonomie: Hier ging es zur Abwechslung mal einem Mann wirklich um die Belustigung (im wahrsten Sinne) des weiblichen Publikums.

Damals, Anfang der Neunzigerjahre, hatte so eine Blankpoperze obendrein noch echtes Schockerpotenzial. Im *Take-That*-Ordner meiner Schwester finden sich eine Reihe aufgelöster Leserbriefe an die *Bravo*, verfasst anlässlich von Howards nacktem Hintern (und Marks und Robbies neuen Frisuren): »Robbie sieht aus wie ein Skinhead, Howard wie ein Penner und Marks Lächeln kommt durch seine Stachelschwein-Frisur nicht mehr so sympathisch rüber. In meiner Schule liefen die Mädchen kreischend über den Schulhof und regten sich über den Look auf.« »Ich würde gern auf das *Take-That*-Konzert nächstes Jahr gehen, aber wenn meine Mutter diese Fotos sieht, glaube ich nicht, dass sie mich lässt.« Nur einer fand noch Gnade vor den Fans, weil er in seinem Priesterseminar-Rolli bei der Sexerei nicht mitmachte: »Gary kann sich als Einziger zu den vernünftigen Leuten zählen.«

Während meines Kulturwissenschaftsstudiums las ich gelegentlich Aufsätze über »Boyband-Ästhetiken als Spektakel des männlichen Körpers«, »als Performanzen des Begehrens« und ähnliche Dinge. Ich bin überzeugt, dass diese klugen Essays, wenn man sie aufs Allerkleinste herunterbricht, damit eigentlich alle nur Howards Arsch meinen. Er inszenierte sich in der Neunzigerjahre-Erstinkarnation von *Take That* so unverhohlen als Sexbraten, dass diese Rolle auf den ersten Blick wenig revolutionär schien: Der Mann steht auf der Bühne, die Frauen stehen davor und bewundern ihn. Tatsächlich gaben Howards nur fragmentarisch vorhandene Hosen den Blick auf eine andere, ungewohntere Perspektive frei, wenn man sie sehen wollte: Der Mann als Tingeltangler, der seine Sexualität nicht zur eigenen Befriedigung einsetzt, sondern den Blick der Frauen darauf braucht, um sie ausleben zu können. Und zwar nicht den erzwungenen Blick, wie bei ekligen Dickpicversendern, sondern den selbstbestimmten, bewussten, aus eigenem Antrieb Konzertkarten kaufenden.

So ungefähr jedenfalls drehe ich mir das Ganze hin, wenn ich mal wieder das *Do What You Like*-Video anschaue. Ärgerlicherweise fehlt es auf meiner *Ultimate Collection*-DVD, die sonst sämtliche Videos der Frühphase versammelt, und die offizielle Version, auf Youtube in bester Qualität zu sehen, ist bestürzendermaßen zensiert: Es fehlt die Szene, in denen eine Frau den nackten, bäuchlings liegenden Takethats am Ende mit einem Wischmop die Götterspeisereste von den Hintern feudelt, und es fehlt außerdem der abschließende Kimmenzoom, für den es vorher ein eigenes, bandinternes Hinterncasting für den finalen Bürzelshot gegeben haben soll, einen Screentest für Ärsche.

Dank dieses Videos habe ich ein neues Wort gelernt, das zwar sehr schön ist, das man leider aber nur selten adäquat benutzen kann: Schamkapsel. So hießen nämlich die historischen Vorläufer des sonderbaren, metallverbimmelten und mit Blech-Bling-Bling besetzten Schrittschmucks, den Howard und Jason tragen. Schamkapseln oder Gliedschirme (noch ein schönes Wort) kamen im 15. Jahrhundert in Mode, zuerst als Genitalzwickel aus Stoff, der farblich von der leggingsartigen Resthose abgesetzt war – da Howard und Jason im Video auch Radlerhosen tragen, geht dieser Aufzug fast schon als historisch akkurat durch. Die mittelalterlichen Originale sollten übrigens nicht nur die Aufmerksamkeit in Richtung Schritt ziehen, es gab blecherne Varianten, die in Kampfsituationen konkreten Schutz gegen die mit Spießen bewaffnete Infanterie bot, da diese die unangenehme Angewohnheit hatte, mit ihren Piken in die ungeschützten Genitalien zu stechen.

Mit ihren Schamkapseln, aber vor allem mit dem aufgesexten Zinnober, den *Take That* regelmäßig bei der Liveinszenierung von *Relight my Fire* veranstalteten und immer noch veranstalten – die klassische Orgienchoreografie war auch bei den jüngsten Touren als Mangroup fester Bestandteil des Programms – positionierten sich *Take That* im großen Bezugssystem der Boybands als prinzipiell nette, gelegentlich aber ausgesprochen *Kink*-interessierte Knaben. Sehr im Gegensatz zu stets frisch kernseifengeschrubbt wirkenden Genrekollegen wie *Caught in the Act*: Deren Image suggerierte, dass man sie mit etwas Glück durchaus zufällig bei einem verregneten Zelturlaub auf einem holländischen Campingplatz hätte kennenlernen können, wo sie dann natürlich bauchfreie Leibchen trugen, wie in ihren Videos, aber nicht irgendwie sexuell auffordernd, sondern weil sie ihre T-Shirts ohne elterliche Hilfestellung versehentlich zu heiß gewaschen und sonst nichts in ihrem Interrail-Rucksack dabeihatten.

Meine liebsten Take-That-Styles

1. Die blauen Anzüge bei ihrem *Beatles*-Medley. 1995 sangen sie bei ihrem Konzert in Manchester, damals noch zu fünft, in taubenblauen Zweiteilern mit schwarzem Samtkragenbesatz, die nur minimal nach Kostümverleih aussahen, *I Want to Hold Your*

Hand, *A Hard Day's Night*, *She Loves You* und mehr, eine ultraputzige Anmaßung. Leider bekam nur Jason das dazugehörige Kopfgewackel historisch akkurat hin und durfte zur Belohnung ein Dreiviertelminütchen lang bei *Get Back* auch mal ganz allein singen.

2. Alles Kuttige oder mit sinnlos langen Mänteln. Vor allem bei Live-Umsetzungen von *Pray* steckten *Take That* früher gern in derartigen Sakralfummeln, die sie immer ein wenig wie die Anführer einer Sekte wirken ließen, in der es natürlich keine gemeinen Mindgames gäbe, dafür aber einen perfekt durchchoreografierten Clubtanz, der regelmäßig in einer Massendarbietung zur Aufführung käme.

3. Die Rudertrikots aus dem Video von *The Flood*. Reinweiß, mit schwarzer Kragen- und Armpaspel und wundervollem, extrem preppy Bandlogo auf der Brust. Ich weiß, es ist sinnlos, aber ich verplempere gelegentlich immer noch ziemlich viel Zeit damit, danach zu googeln, ob man diese Leibchen nicht doch irgendwo kaufen kann.

4. Die Rollbraten-Verschnürung im Video von *How Deep Is Your Love*. Ich liebe dieses Video schon allein deshalb, weil Mark mit seiner Rundschnitt-

frisur darin extrem aussieht wie ich mit etwa acht Jahren, als ich wiederum extrem aussah wie der Bayern-München-Vereinsarzt Dr. Müller-Wohlfahrt. Zwei Jahrzehnte später würden sie auf der Bühne auf gigantischen Schnecken reiten und sich von einem hallenhohen Roboter herumtragen lassen, aber diese groben Seile, mit denen die vier verbliebenen Takethatter nach Robbies Rauswurf im Verlies einer Frau mit Schmier-Make-up übertrieben sorgfältig an Stühle gefesselt sind, bleiben die ausdrucksstarksten Accessoires ihrer Bandgeschichte (es sei denn, es kommt noch etwas mit Hundewelpen. Kann BITTE noch was mit Hundewelpen kommen?).

5. Der Dickmantel-Lagenlook der späten Jahre (und aus dem *Back for Good*-Video). Luke Day, der Stylist von *Take That*, hält nichts von heiteren Sommerlooks: »Winter is just better for older guys«, sagte er mal in einem herrlich befehlerischen Style-Denkstück. Farben sollte man als Erwachsener auch eher meiden, und generell mache man in diesem Alter mit einem schönen dicken Wintermantel, aufgebauschtem Schal und Handschuhen einfach nichts falsch. Zum ersten Mal probierten *Take That* diesen Look im Video zu *Back for Good*. »Sie

sahen aus wie ein Rudel niedlicher nasser Labradore, nicht?«, entzückt sich Day im Rückblick – und kleidet die Band seit ihrer Rückkehr nun gern wie sehr erfolgreiche, reiche Spanielzüchter beim casual Spaziergang.

Ich muss leider sagen: Diese ganze Hinternsache gibt mir nichts. Mir wird schnell unwohl, wenn die Hautzeigerei auf Bühnen arg in-your-face-mäßig praktiziert wird. Ich mied in der Vergangenheit schon bewusst Theaterstücke, in denen ein bestimmter Schauspieler mitspielte, der offenbar unter Gliedzeigewahn litt und beim geringsten Anlass blankzog, weitgehend unabhängig von der Rolle. Ich fand immer schon eher das Verdeckte, Versteckte, Verdruckste gut, eine vordergründig linkische Special-Interest-Variante von Sexappeal (wie bei Jarvis Cocker). Vielleicht war ich schon zu alt und nicht mehr empfänglich für bestimmte erotische Codes und Signale, aber beim Betrachten von Boybands wanderten meine Gedanken früher nie in irgendwelche schwülen Ecken, sondern verloren sich meistens irgendwo im dezidiert unerotischen Denkgestrüpp. Ich stellte mir zum Beispiel vor, wie es wäre, wenn *Bed & Breakfast* tatsächlich eine Frühstückspension leiten würden. Und ob die anderen von *East 17* immer heimlich den Hut von Brian gegen einen zwei Nummern zu kleinen, seine Jacke aber gegen eine drei Nummern zu große austauschen, um ihn langsam wahnsinnig zu machen. Einem Gerücht zufolge soll Howards Hintern allerdings ursprünglich ohnehin nicht präsentiert worden sein, um junge Mädchen anzusexen, sondern um die Mütter der minderjährigen Fans bei Laune zu halten, die sie zu den Auftritten karren mussten. Howard berichtete, Mädchen seien nach einer solchen Show regelmäßig zu ihm gekommen, um ihm mitzuteilen, dass ihre Mutter ihn scharf fände (oder, im unübersetzbar schönen Englisch: »My mum fancies you!«). Er habe dann immer gesagt »das ist okay, und was ist mit dir? Findest du mich auch scharf?«. Worauf sie immer nur geantwortet hätten: »Nee, ich mag Mark.«

Howard war lange, sorry, für mich das uninteressanteste Bandmitglied. Vielleicht war es seine potenzielle Erreichbarkeit, die ihn für mich weniger attraktiv scheinen ließ als die anderen: Nach der Trennung der Band lebte er lange bei seiner deutschen Freundin in Münster und legte als DJ auch öfters in der fiesen Würzburger Industriegebietsdisco »Airport« auf, in der ich einige Jahre früher manchen Erstsemestermittwoch bei den spektakulär billigen Altbierpartys vergluckerte. Heute ist es mir komplett unverständlich, warum ich nicht wenigstens aus Gafflust mal bei Howards DJ-Sets vorbeischaute. Seine wirklich lustigen Tweets der Neuzeit haben mich mittlerweile deutlich mehr für ihn eingenommen. Und ich muss zugeben, dass er es oft dann doch schafft, bei mir eine Art unwillkürliche Körperlichkeit anzuknipsen. Einmal stieg ich genau dann in ein Taxi, als *Never Forget* im Radio lief und Howard gerade zusammen mit dem Chor seine Stimme ein paar Käsekisten höher wuchtete: Die zweite Wiederholung im Refrain, *Ne-he-ver* – Pause – *pretend that it's all real*. Ich war bestens gelaunt, setzte mich mittig auf die Rückbank und machte mit ausgebreiteten Armen die an dieser Stelle choreografisch vorgesehene Geste, wie ein Torwart, der den Elfmeterschützen einschüchtern will. Der Taxifahrer zuckte nicht mal, es war die Nachtschicht und ich nüchtern und vollständig bekleidet, er kam also gut weg. Wann immer ich das Lied höre, will ich an dieser Stelle diese Bewegung machen, es ist unkontrollierbar, wie der Kniesehnenreflex, sagt meine Schwester, der es ähnlich geht. Diese Exaltiertheit ist für mich sehr untypisch, normalerweise sind mir solche kollektiven Mitmachanwandlungen, wenn bei Konzerten die ganze Halle auf Kommando dasselbe vorturnen soll, natürlich ein Graus. Es gibt nur eine einzige weitere Stelle in einem einzigen weiteren Lied, bei der ich mich jedes Mal hinreißen lasse: Die Stelle ist *Skaterboy rockin' up MTV*, das Lied ist *Sk8er Boi* von Avril Lavigne, und die Pflichtgeste ist der übertriebene, punkig gemeinte Gitarrensaitenschlag, wie ihn Avril im Musikvideo auf der Rückbank eines Autos, umringt von diversen Bürschlein, vormacht. Von Avril Lavigne mag ich eigentlich nur dieses Lied, eigentlich nur diese Stelle, und vielleicht noch den Anfang von *Complicated*, wo sie so schön schnippisch *aha, life's like this* sagt.

Howard wurde, als Nigel Martin-Smith *Take That* zusammenstellte, ganz klar als Körper eingekauft, nicht als Sänger. Wenn er im Video von *Back for Good* im Netzhemd seine gummihaften Schlangenarmbewegungen macht, kann man diese Entscheidung wohl kaum infrage stellen. Trotzdem darf er gelegentlich auch gesanglich ran, und bei *Never Forget*, einem der größten, wichtigsten Lieder der Band (bei dem man im Video tatsächlich kurz Marks Leguan Nirvana sieht) übernahm er die Leadstimme, nachdem Robbie das Lied trotz zermürbenden Trainings damals nicht meistern konnte. Der Pompauftakt stammt aus Verdis *Requiem*, anschließend singt in der Studioaufnahme der Henllan Boys Choir unter Alistair Stubbs die ersten Zeilen (ich verstehe das als Allgemeinwissen, erwähne es aber vorsichtshalber noch mal). Es ist ein Lied mit Botschaft: *And we're still so young, and we hope for more/but remember this: We're not invincible*. Das singt man dann so mit, und je älter und un-junger man wird, umso klarer wird einem die Sache mit der Verwundbarkeit.

Auf dem aktuellen Album *Odyssey* gibt es mit *These Days* eine aktualisierte Wiederaufnahme dieses Themas, die auf das große, kollektive Retroschmusegefühl einzahlt, das mutmaßlich viele Menschen in *Take-That*-Konzerte treibt: Eine Band als Erinnerungskatalysator.

Take me back
Before we all explode
Before we turn to stone
Before the light has gone
Take me back
To where it all began
To where our memories grow
Before they take us over.

Tonight we're gonna live for
We're gonna live for these days
Tonight, tonight we'll remember
We'll remember these days.

Ich finde einige der neuen Lieder gut, doch wahrheitsgemäß sind es die alten Klassiker, die ich am meisten liebe. Tatsächlich spürte ich selten wohligere Nostalgie als bei meinem Konzertbesuch von 2007 (dem Abend des Unterhosenkaufs), als ich nach den ersten Klängen und Bewegungen von *Pray* bemerkte, dass hier die Originalchoreografie aus den Neunzigern getanzt wurde. Sie ist immer noch im Programm, und obwohl ich die Choreografie von *Sure* sehr liebe – auf allen vieren kriechen und dabei mit ausgestreckten Armen weit ausholend vor sich auf den Boden patschen, als würde man Gewürm plattieren, über das man gleich hinwegkrabbeln müsste – ist *Pray* doch mein absoluter Lieblingstanz.

Die Bewegungen deuten sich schon im Musikvideo an. Es spielt in einem hellen, sonnenbeschienenen Land, das irgendwann eine schlimme kriegerische Auseinandersetzung mit seinem Nachbarland verloren haben muss, den sogenannten Knopfkrieg. Weswegen hier jetzt auf jedwede Verschlussmechanismen an Kleidung die Todesstrafe steht, und darum klafft bei allen Leuten ständig obenrum irgendwas auf, und untenrum werden Hosen als eher optional gesehen. In Flatterhemden oder gleich mit nacktem Oberkörper spielen Gary, Robbie, Mark, Howard und Jason alle Variationen durch, mit denen man pantomimisch einen Mangel ausdrücken kann. Sie verkörpern Sehnen, indem sie sich dehnen. Fassen sich ans Herz, als wollten sie verhindern, dass die Liebe ausrinnt. Mark reckt sich selbst als Gebetskörper zur Himmelsmacht. Robbie streckt einen Holzklotz gen Gottheit, Jason steht obenrum eingemummt, untenrum frei am Strand, Howard verzweifelt an einem Brunnen. Darüber hinaus ist das Video ein schönes Beispiel für das bei Boybands so beliebte Feuchtgenre: Es wird geduscht, im Meer geplatscht, im Wasser gewälzt, gewatet.

Die Live-Übersetzung besticht dann durch eine an sich nicht allzu komplizierte Choreografie, die nebeneinander getanzt wird und eine Reihe sehr gelungener Einzelfiguren enthält. Da ist der Weihwasser verspritzende Priester! Die Luftsäge! Der Yoga-Jesus, die Noch-fünf-Bier-bitte-Bestellung, die Taumelmumie, der Meer teilende Moses, der brennende Bettvorleger, die Migräneattacke, der eingerostete Kranich! In regelmäßigen Abständen durchsuche ich Youtube nach einem *Pray*-Tutorial, einer Schritt-für-Schritt-Anleitung für diesen Tanz, und bin jedes Mal gleichermaßen überrascht wie erbost, dass es das nicht gibt.

Die schönste Geschichte zu *Pray* lieferte Robbie, genauer gesagt seine Schwiegermutter: Robbies Frau Ayda Field schenkte ihm zum ersten Hochzeitstag, der mitten in die *Progress*-Tour fiel, ein Video ihrer Mutter, in dem sie höchst detailgetreu den *Pray*-Tanz vorführt. Ayda hatte dafür Jason engagiert, der den Tanz mit ihrer Mutter eingeübt hatte. Wenn ich einmal im Leben gern Robbies Schwiegermutter gewesen wäre: Hier ist dieser Moment.

JASON ORANGE
DAS RUDERBOOT

Montags kocht Jason vegane Mac-and-Cheese. Das Geheimnis seiner cremigen, dottrig-gelben Soße sind Cashewnüsse und Hefeflocken, die er zusammen mit gekochten Kartoffeln und Möhren im Mixer fein püriert.

Dienstags rettet Jason Laborbeagle. Dank seines geschmeidig trainierten und an allerhand Winde- und Biegebewegungen gewöhnten Körpers kann er sich abends, wenn alle Laborarbeiter nach Hause gegangen sind, ganz leicht durch die engsten Lücken im Sicherheitszaun schlängeln. Er holt die zitternden Beagle aus ihren Käfigen und trägt sie auf die Wiese, wo sie zum ersten Mal Gras unter ihren Pfoten spüren. Schüchtern wackeln die Hunde mit ihren Schwänzen, dann sucht Jason für jeden von ihnen ein gutes Zuhause.

Mittwochs backt Jason Zimtschnecken. Eigentlich versucht er, sich glutenfrei zu ernähren, aber bei Zimtschnecken lässt er schon mal fünf grade sein.

Donnerstags übersetzt Jason Gedichte von Petrarca. Nur so für sich, nur zum Spaß.

Freitags füttert Jason Adler. Weil er Vegetarier ist, bietet er ihnen keine echten Nagerbabys an, sondern vegane Chickennuggets. Die ähneln aber in Mausekonsistenz und Fleischfasrigkeit extrem der eigentlichen Leibspeise der Greifvögel, und die Adler ahnen nichts.

Samstags fährt Jason zu Ikea. Eigentlich braucht er nichts, aber er weiß, dass sich viele Pärchen dort jedes Wochenende vor lauter Sofakaufstress übel zerstreiten. Hört Jason einen solchen Grolldialog, bricht er aus seiner Deckung hinter einer Pax-Kleiderschrankkombination und vermittelt zwischen den beiden, bis sie sich wieder vertragen.

Sonntags bezieht Jason sein Bett mit frisch gemangelter Damastbettwäsche. Dann muckelt er sich in die offwhiten Laken und erholt sich von den Abenteuern, die er diese Woche erlebt hat.

Ich gebe zu, dieser Wochenplan klingt in der

Summe leicht unrealistisch, aber: Es könnte sein. Zumindest ist nichts Gegenteiliges bekannt, das meine persönlichen Spekulationen über Jason Oranges Tagewerk als derzeit Ex-*Take-That*-Mitglied entkräften könnte. Schon während seiner aktiven Zeit war das so, und tatsächlich weiß ich trotz regelmäßiger Kontrollgoogelei so wenig über ihn, dass er mir auch im Erwachsenenalter der perfekte, weil unbegrenzt beträumbare Popstar geblieben ist. Wie damals mit dreizehn Jahren, als ich mich kurz vorm Einschlafen in meinen liebsten Wegduselfantasien eine Zeit lang gern in die Vorstellung versenkte, dass die Mitglieder von *A-ha* nebenbei ein riesiges Tierheim betreiben und sehr lieb zu allen Tieren sind, die kein Zuhause mehr haben.

Ich liebe Jason, weil er ein Mysterium ist. Schon sein Name klingt ausgedacht: Jason Orange, heißt jemand wirklich so? Nachnamen, die auch eine Farbe oder eine Frucht sind, sind immer verdächtig, bei ihm trifft ja beides zu, er hat den Verwirreffekt potenziert. Er war bei *Take That* der stumme Marx-Brother Harpo, der plötzlich doch anfing zu sprechen: Siebzehn Jahre brauchte es, bis Jason, der beste Tänzer der Band, bei *Take That* sein erstes Sololied singen durfte. Für das simpel klimpernde *Wooden Boat* zog er auf der Bühne Schuhe und Socken aus, als wolle er nicht versehentlich doch in eine seiner Danceroutinen verfallen. Ich saß auf der Tribüne und weinte, schon wieder. Weil ich, so abgeschmackt das klingt, das Gefühl hatte, ihn zum ersten Mal richtig zu sehen. Weil er zum ersten Mal mehr war als tanzendes, harmonisierendes Beiwerk, mehr als das Tellerrand-Petersiliensträußchen der Band und der Mann mit dem schönsten Unterkiefer der Welt.

Jason ist mein liebster Takethatler. Weil er schön war und schön tanzte, und das war es dann auch schon mit den Begründungen. Als er die Band 2014 verließ, tat mir das mehr weh als Robbies Abschied und die anschließende Trennung zusammen. Jason war Raum für Notizen, die perfekte leere Leinwand, ohne die im Pop nichts geht, denn genauso wichtig wie das, was die Menschen auf der Bühne machen, sind ja zugleich die Gefühle und Träume, die die Menschen vor der Bühne entwickeln, indem sie sich und ihr Leben in den Glanzgestalten da oben spiegeln. *Take That* ist nichts ohne die Idee von *Take*

That. Und Jason bot eben den meisten Platz für eigene Interpretationen, weil es da augenscheinlich nichts zu interpretieren gab, weil er auf nichts verwies.

Ich staunte immer über die Mühe, die er sich machte, ohne dafür offensichtlichen Lohn zu bekommen und vielleicht zu erwarten: Bei Konzerten und anderen Liveauftritten sah man ihn nie einfach ganz normal eine Treppe heruntergehen, wenn die Band etwa von einer Bühne zur anderen wanderte: Er nahm die Stufen nicht, wie man Stufen eben nimmt, auch als Popstar, sondern machte selbst aus dieser Petitesse einen Showmove, riss grinsend den Mund auf, als sei dies gerade der glücklichste Moment seines Lebens und zog unnötig engagiert seine Knie hoch, zu Hopsern, die man vom Aufwärmen beim Sport kennt. Bei den eigentlich synchronen Choreos schaute ich zwischendurch gern nur auf ihn, weil er immer ein Schippchen mehr gab als die anderen, selbst mehr als Howard, sein Tanzkumpan. Jason hatte diese ganz eigene Art, die Arme eng an den Körper zu halten und sich dann mit einer dynamischen Bewegung selbst anzukurbeln, wie ein Duracellhase mit autonomer Stromversorgung. Vielleicht war er in allen Bewegungen so überengagiert, weil er jedes bisschen Aufmerksamkeit sorgfältig auswringen musste, bis zum letzten Tropfen, weil ihm sein Solospot im Rampenlicht, ein eigenes Lied, in dem er die Leadstimme singen durfte, eben so lange verwehrt blieb.

Die Idee, dass Jason unbedingt mehr sein musste als ein Mensch, der einfach gern tanzt, klebte in meinem Kopf, seit ich zum ersten Mal einen *Take-That*-Bildband durchblätterte, in dem ich mein Lieblingsfoto von Jason fand. Auf der Seite zuvor war, der Kontrast könnte nicht größer sein, ein Foto der 1995er Tour abgedruckt, eine Momentaufnahme aus *Relight my Fire:* Jason trägt darauf eine Art Flash-Gordon-Hotboy-Kostüm, ein winziges rotes Latexhöschen, einen ebenfalls sehr knappen Wams aus demselben Material, dazu goldene, hohe Boxerschuhe, die an den Waden mit Bändern festgezurrt sind wie römische Sandalen. In dieser Aufmachung schwebt Jason an Trickschnüren in der Luft, in Jesus-am-Kreuz-Pose, als habe man ihn als Opfergabe aufgehängt. Blättert man um, sieht man mein Lieblingsbild: Jason backstage, ein Handtuch halb über dem Kopf, ähnlich wie E. T., wenn er in

Elliotts Fahrradkorb sitzt, aber der Kiefer ragt ein bisschen aus der Handtuchkapuze hervor, woran man erkennen kann, dass es Jason ist, der darunter hockt. Außer dem Kiefer sieht man seine Nase und ein paar Stirnfransen. Und das Buch, in dem er konzentriert liest, eine abgegriffene Taschenbuchausgabe von *The Road Less Traveled*, jenem spirituellen, 1978 veröffentlichten Ratgeber zur Lebensführung von M. Scott Peck. Im ersten Moment muss man bei diesem Arrangement an dieses berühmte Foto von Marilyn Monroe denken, wo sie auf einem Spielplatz sitzt und in eine Ausgabe von *Ulysses* vertieft ist, aber es passt absolut zu Jason, zu meinem Bild von ihm, dass er in einem ruhigen Moment ausgerechnet nach *Der wunderbare Weg* greifen würde. Im einzigen Kapitel, das ich daraus jemals las, ging es um die Tugend der Disziplin, um die wichtige Fähigkeit, im Leben die Belohnungen (*gratifications*) für die eigenen Mühen geduldig hintanzustellen, erst bewusst den Schmerz der damit verbundenen Anstrengungen auszuhalten – wie aus dem Lehrbuch für ambitionierte Boybandsänger, die auf ewig zum Tanzen verdammt sind. Ich erinnere mich an den ersten Satz des Buches: »Life is difficult«, und bin mir sicher, dass Jason damit etwas anfangen konnte.

Wie ich übrigens auch wirklich glaube, dass er ein direkter Nachfahre von King William of Orange ist, William des III. also, König von England, Schottland und Irland, so jedenfalls geht das Gerücht, und ich halte es für absolut wahr, weil er für mich sogar in knappsten Hotpants immer noch etwas würdevoll Aristokratisches ausstrahlte.

Einen kleinen Dämpfer bekam meine Jason-Verehrung allerdings, als ich 1999 bei einem Urlaub in Glasgow eine Tageszeitung in die Hände bekam, für die er aufgeschrieben hatte, wie sein Alltag aussehe. Jason probte gerade für seine Rolle in einem Theaterstück namens »Gob«, von dem ich ärgerlicherweise nichts mitbekommen hatte, weil ich dann stattdessen nach London gereist wäre. Er spielte einen revolutionär interessierten Techno-DJ oder etwas in der Art. Sein Tagesablauf jedenfalls schockte mich schwer: »Um neun Uhr stehe ich auf, trinke eine Tasse Kräutertee und esse eine Banane, um Energie zu tanken«, schreibt Jason. »Meine Freundin schlägt vor, dass wir in den Park gehen, um uns zu sonnen. Es ist toll, zusammen entspannen zu können.« Fast könnte man denken, er habe sich selbst heimlich die Aufgabe gestellt, das langweiligstmögliche Leben überhaupt aufzuzeichnen. Sein Bräsigkeitsbulletin gipfelt in einer atemlosen Schilderung, dass er an einem anderen Tag mit dem »Schock seines Lebens« aufgewacht sei: Weil das blauschwarze Hennatattoo, das er für das Theaterstück quer über seine Brust gemalt bekam, über Nacht auf das Bettlaken abgefärbt hatte.

Das kann alles unmöglich sein Ernst sein. Ich halte meine Wochenschilderung – Beagle, Petrarca, Adler – für die weitaus realistischere.

Obwohl *Take That* meine Fantasie in vielerlei Hinsicht ganz mühelos anregen kann, gibt es ein auf die Band bezogenes Traumgenre, mit dem ich selbst nichts anfangen kann, dessen Blüten ich aber in den entsprechenden Foren interessiert verfolge: Fantastereien über mögliche Liebschaften innerhalb der Band, denen etikettierfreudige Romantiker allen ihren eigenen, innerhalb des *Take-That*-Fandoms mindestens semioffiziellen Pärchennamen verpasst haben.

Die vielversprechendsten Take-That-Shipping-Konstellationen:

1. Barlliams: Die erträumte erotische Liaison von Gary & Robbie wurde im Video zu *Shame* zwar nicht Wirklichkeit, durch die plastische Präsentation zweier nackter Männerbäuche aber zumindest gedanklich neu befeuert. Worauf die Fans dieser Paarung ihr danach den neuen, etwas handfester klingenden Namen »Grobbie« gaben.

2. Barlowen: Gary & Mark? Was zunächst extrem unplausibel klingt, wurde in einer Fanfiction, die ich einmal las, psychologisch so hergeleitet: Robbie und Mark waren innerhalb der Band beste Freunde. Als Robbie ging, freundete Mark sich eng mit Gary an. Dann kehrte Robbie zurück, war plötzlich dicke mit Gary – und Mark außen vor und gleichzeitig auf beide eifersüchtig: der Funke, der schließlich die Leidenschaft entflammte.

3. Willowen: Robbie & Mark – die beiden verspielten Welpen der Anfangstage in romantischen Verstrickungen? Möglich, aber muss denn alles Lustige immer kaputt geknutscht werden?

4. Donage: Laaangweilig! Die beiden Tänzerkörper von Howard & Jason, schwitzig verschlungen?

Selbst für eine Sexfantasie ist dieser Plot wirklich zu lazy.

5. Hobbie: Howard & Robbie, das sieht schon ausgeschrieben komisch aus, und tatsächlich bedient diese extrem nischige Paarung eine sehr spitze Zielgruppe.

Nach seinem Ausflug in die Schauspielerei holte Jason 2003 in Manchester seinen Schulabschluss nach, belegte dann diverse Vorbereitungskurse, um anschließend Psychologie, Biologie und Geschichte studieren zu können – und tat es dann doch nicht. Was gut in die Reihe der Dinge passt, von denen man weiß, dass er sie nie getan hat, und die deutlich länger ist als die Liste seiner sichtbaren Errungenschaften: Er wurde nie von der Queen gebeten, ein Lied für sie zu schreiben. Er gewann nie *Promi Big Brother*. Er sang kein Duett mit Nicole Kidman. Er schaffte es nicht, bei seiner Freundin in Münster zu leben und trotzdem als gefeierter Club-DJ zu gelten.

»Meine größte Unsicherheit war immer die Frage: Was trage ich zur Band bei?«, sagte Jason 2005 im berühmten ITV-Interview, das die Wiedervereinigung der Band anstieß. Er kokettierte immer wieder damit, dass Howard und er gelegentlich verwechselt wurden, und er hatte 2013 einen kleinen, selbstironischen Auftritt in der britischen Serie *Shameless*: Er spielte darin DJ Scouse Mouse, einen an den realen DJ Deadmau5 angelehnten Charakter, der sich einen riesigen Mäusekugelkopf überstülpte, wenn er auflegte. Nach seinem Gig lugt ein ältlicher Fan in sein Backstagezelt, rasch stülpt sich der DJ wieder den Mausekopf über, aufgeregt fragt die Frau: »Robbie, bist du das?« – und Jason nimmt den Mausekopf ab, um frustriert-genervt in die Kamera zu schauen.

Als er die wiedervereinigte Band nach ein paar hocherfolgreichen Jahren verließ, versuchten sich einige Popschreiber an sophistischen Stücken, die untersuchen sollten, ob Jason womöglich doch das wichtigste Mitglied der Band gewesen sei, der wahre Star. Ein Autor verglich ihn im *Guardian* zu diesem Zweck mit Victoria Beckham und ihrer Rolle bei den *Spice Girls* – auch sie hatte darauf verzichtet, bei der großen *Reunion*-Tour 2019 dabei zu sein. Jason und Victoria, argumentierte der Text, seien eminent wichtig für die Balance in ihren Bands gewesen, weil sie als Quasileerstellen Raum für Selbstreflexion geschaffen hätten – das sei essenziell für eine Band, die nach traditionellem Bauplan aus einem ernsthaften, selbst ernannten Anführer (Gary/Geri Halliwell), einem unberechenbaren Springinsfeld (Robbie/Mel B.), verlässlichem Bodenpersonal (Howard/Mel C) und einem süßen, quirky Mitglied besteht (Mark/Emma Bunton – tatsächlich hatte auch Baby Spice etwas entschieden Hörnchenartiges an sich, man denke nur an ihren nagermäßigen Nasenzucker im Video zu *Two Become One*, ich habe ihn lange geübt, WIR ALLE HABEN IHN GEÜBT!). Jason, so das Resümee des *Guardian*, sei ein augenscheinlich anständiger Typ und ein solides Stützgerüst für dieses standardisierte Sortiment. Eine Band, die aus fünf Robbie Williamsen bestünde, könnte schließlich niemals funktionieren. Und eine Band, die fünf Gary Barlows enthalte, wäre eher eine Konferenz von Toryanhängern.

Den Gedanken mit dem stabilisierenden Element verwendet sogar Gary in seinem Buch *A better me*. Dort schreibt er über Jasons Ausstieg, dass ohne ihn die schöne Symmetrie zerschlagen worden sei, mit der die Band seit Robbies Ausstieg aufgestellt war: Mark und Gary, die beiden Sänger, in der Mitte, und drumherum Howard und Jason, »hübsche Buchstützen« nennt Gary sie und merkt wahrscheinlich nicht mal, wie despektierlich das ist. Womöglich zeigt sich Jasons Wert für die Band schon in seinem rhetorischen Können. Als er wieder einmal gefragt wurde, warum *Take That* sich damals eigentlich genau getrennt hätten, antwortete er mit der möglicherweise cleversten Variante: »The main reason we've broken up is because we wanted to.« Würden wir uns nicht alle wünschen, Entscheidungen in unserem Leben allein auf dieser Grundlage treffen zu können?

Einen deutlichen Hinweis darauf, dass Jason wirklich der hellste, erleuchtetste Kopf von *Take That* war, findet sich auf dem Cover des Albums *Progress*. Plattencover tratschen ja traditionell ganz gern mal Geheimnisse aus, man muss nur an die ausführliche »Paul ist tot«-Beweisführung der Beatlesfexe denken, die dazu zahlreiche Hinweise auf diversen Plattenhüllen ins Feld führten. Auf dem *Progress*-Cover jedenfalls spielen die fünf Bandmitglieder – die Veröffentlichung fiel in die Phase, als Robbie zeitweilig zurückgekehrt war – die Evolution des Menschen nach. Gary kauert ganz hinten, vor ihm steht der geduckte Mark, dann kommt

Robbie in fast aufrechtem Gang. Howard sieht aus, als bereite er sich auf einen Sprung vor, aber es ist Jason, ganz rechts, der von der universellen Kraft emporgezogen wird: Er fliegt, tatsächlich.

Heute ist Jason komplett unsichtbar geworden. Er antworte nicht auf Mails und gehe nicht ans Telefon, wenn sie ihn anriefen, erzählen die restlichen drei mitunter. Aber angeblich schicke Jason ihnen gelegentlich eine Postkarte mit Pinguinmotiv – unbestreitbar die bestmögliche Reaktion, wenn die Atmosphäre frostig ist. Jason ist weg, auch mit größter Fantasie kann man sich nicht vorstellen, dass er wiederkommt. Obwohl ich ihn so gern dabeihätte, liebe ich ihn als große Verfechterin des Alleinseins nach seinem Verschwinden natürlich noch ein bisschen mehr. Ich schaue mir oft seinen *Wooden-Boat*-Auftritt aus der *Beautiful-World*-Tour an. Es ist ein simpel gestricktes Lied, begleitet nur von zwei Akustikgitarren, und tatsächlich räumten die anderen für Jasons großen Auftritt komplett die Bühne.

»Thanks for waiting«, sagte er, dann sang er das einfache Lied über Kindheit, Teenagerjahre, Erwachsenenleben samt Heirat und Kind, und schließlich über den Tod, ein Thema, das bei *Take*

That sonst nie so klar thematisiert wird. Der Refrain fasst den Gang des Lebens mit der Zeile *We go from green to blue to gold to black* zusammen, jede Lebenszeit und Farbe hat eine eigene Strophe, nur die letzte, in der jemand stirbt, bricht früher ab: Ein zu früh ausgeknipstes Leben, eine vorzeitig abgeknapste Strophe.

Jasons Lied über das Ruderboot wäre ein echter Downer, wäre in ihm nicht auch eine Botschaft versteckt, ein paar einfache Zeilen, die erklären worum es bei *Take That* und überhaupt bei glitteriger, großartig-quatschiger Popmusik – und vielleicht sogar im Leben – wirklich geht: *Sometimes we don't know what we're waiting for/and that's the time to be the first one on the dancefloor.* Wenn man wieder einmal nicht so recht weiß, was das alles soll, wenn alles kaum zu begreifen ist: Warum nicht einfach anfangen zu tanzen.

LET IT SHINE, JUST LET IT SHINE

Auf keinen Fall, nahm ich mir vor, dürfte sich das Malheur mit dem Krokodilsfuß wiederholen. Ich saß im Taxi, auf dem Weg zu Gary, Mark und Howard, die ich gleich leibhaftig treffen sollte, und dachte an den letzten persönlichen Kontakt mit einer von mir hochverehrten Popkulturgröße: Nach Jahren der Pirsch war es mir endlich gelungen, Larissa Marolt zu einem Interview zu treffen – die beste Dschungelcamperin von allen, die von einer bösen, busenoperierten Usurpatorin um ihren Thron geprellte, rechtmäßige Trashregentin. Leider hielt sie mich schon nach wenigen Minuten für eine besessene Irre, weil ich nicht wirklich über ihr aktuelles Theaterprojekt sprechen wollte, sondern ihr lieber allzu detaillierte Fragen aus ihrer damals schon gute vier

Jahre zurückliegenden Campzeit bei *Ich bin ein Star, holt mich hier raus* stellte (an die sie sich selbst schon nicht mehr zu erinnern vorgab). Vor allem der operettenhafte Streit um einen zum Abendessen zu verzehrenden Krokodilsfuß schien ihr völlig entfallen zu sein, und meine äußerst kleinteiligen Fragen zu diesem Thema, die jahrelang in mir gegärt hatten, schienen sie nachhaltig zu irritieren. Möglicherweise fürchtete sie sich ein bisschen vor mir.

Take That waren in der Stadt, um ein Musical zu bewerben, in dem ihre Lieder gesungen wurden. Es handelte aber nicht direkt von ihnen, sondern von vier Freundinnen, die sich beim Reunionkonzert einer namenlosen Boyband nach ewigen Zeiten wiedersehen. Mit terrierhafter Penetranz hatte ich mir einen Platz in einem Gruppeninterview ertrotzt, zusammen mit diversen Klatschmagazinen und Boulevardzeitungen würde ich nach der Pressekonferenz ein paar Minuten persönlich mit *Take That* sprechen dürfen. Knappst bemessene Zeit, in der ich, wenn es blöd lief, vielleicht nur eine einzige Frage stellen könnte. Welche das sein sollte, darüber hatte ich schon mehrere Tage ergebnislos nachgedacht. Was wollte ich wirklich von *Take That* wissen, was ich mir nicht ebenso gut – und schöner – zusammenfantasieren könnte, in meiner eigenen, von mir persönlich deutungskuratierten Popblase?

Manchmal ärgere ich mich, dass ich nicht von Anfang an dabei war, trauere der verpassten Teeniehysterie hinterher, jener fiebrigen Liebe, dieser absoluten, unbedingten Hingabe an eine Band, die man in späteren Jahren sogar mit größtem Eifer nicht mehr so unschuldig hinbekommt. Aber hey, *no regrets*, wie Robbie Williams sagen würde, *'cause they don't work*. Das Einzige, was ich bei meiner Liebe zu *Take That* wirklich bedauere: dass ich mir nicht auch noch diese Unterhose gekauft habe. Nun, als ich die Stufen zum Musicaltheater hochlief, wo gleich die Pressekonferenz stattfinden sollte, war ich zumindest ungefähr so nervös, fühlte es sich vermutlich ungefähr so an, wie ich mir dieses Kribbelgefühl der jungen, weitgehend sorglosen Jahre vorstelle. Und dann kommen *Take That* auf der anderen Seite die Treppe herunter, stehen mir viel kleiner als erwartet gegenüber, der klassische Popstar-im-ebenerdigen-Echtleben-Effekt, und ich bin tatsächlich so haltlos und routinefrei aufgeregt, so unabgezockt und unrelativiert zappelig wie vielleicht wirklich zuletzt, als ich siebzehn war, bei irgendeiner verknalltheitsbezogenen Sache.

Ich setze mich in die dritte Reihe, vor mir rempeln sich vielleicht fünfzehn Fotografen wie Autoscooterwagen in Formation, dann kommen Mark, Gary und Howard zum Fototermin und für ein paar öffentliche Fragen auf die Bühne. Gary antwortet wie ein Elder Statesman of Pop, er muss ein bisschen aufpassen, dass seine Begeisterung nicht ins Unglaubwürdige kippt, denke ich mir. Mark, wirklich unfassbar klein und schmal, sieht mit Schnurrbart und Sprödhaar wirklich ramponiert aus, öfters driften seine müden Augen in einen entfernten Quadranten, während Gary erzählt, wie *brillant* alles sei: Musical, Berlin, die Fans, das Leben. Howard gefällt mir am besten, er trägt eine Art Ausgehschlafanzug und scheint aufgeräumter Stimmung.

Ich kann nicht richtig zuhören, als die drei routiniert erwartbare PR-Sätze aufsagen. Ein Teil meines Hirns rattert alle möglichen Fragen durch, um die eine herauszufiltern, die ich gleich stellen würde, ein anderer stupst mich mit sich steigernder Frequenz nervös an und quengelt, es sei vielleicht doch keine so gute Idee von mir gewesen, die geliebte Band nun tatsächlich auf Menschenformat herunterzubrechen, auf ansprechbare, anfassbare Normalgröße zu schrumpfen. Was wäre, wenn sie mich gleich doof finden? Und was, noch schlimmer, wenn ich sie doof fände? Ungefähr siebzehn Jahre musste es her sein, als ich einmal Brett Anderson zum Interview traf, den wunderschönen Sänger von *Suede*, einer meiner Lieblingsbands, dessen flamboyante Mikrofonkabelpeitscherei ich bis heute für einen der drei sexysten Bühnenmoves überhaupt halte. Ich war sehr aufgeregt, er trug ein zu kurzes T-Shirt, in dem er sich so professionell auf einem Sofa räkelte, dass ich immer wieder seinen Bauch sehen konnte, und ich kann mich tatsächlich nur an eine einzige, hilflose Frage erinnern, die ich ihm damals stellte: Ob es denn stimme, dass er nach Lord Brett Sinclair, dem Charakter von Roger Moore aus *Die Zwei* benannt sei, weil seine Mutter diese Serie so liebte? (Es stimmt.)

Das war nun auch nicht gerade ein Premiumbeispiel für die eine, eventuell einzige Frage, die man an jemanden richten könnte, den man so gernhat, dass einem beim besten Willen keine Fragen an ihn einfallen, weil man das Bild im Herzen vor der spielverderberischen Realität schützen möchte. Also trotte ich, immer noch fragenlos, mit den anderen Journalistinnen zu unserem Round Table, Howard sitzt neben mir, ich grinse kalbsmäßig ihn, dann die anderen beiden an, und höre erst einmal zu, was die Kolleginnen so fragen: Was sie ändern würden, könnten sie in der Zeit zurückreisen? Howard würde in der Schule besser aufpassen, wäre lieber ein Schlautyp als nur der *silly boy*, der er damals gewesen sei. Gary würde mehr relaxen, während der ersten Hälfte der *Take-That*-Geschichte sei er schrecklich angespannt gewesen und habe sich zu viele Sorgen gemacht. Jetzt aber könne er alles so richtig genießen, sagt er und fällt leider schon wieder in leicht öliges Awesome-Timbre: *We're so lucky to be in this situation, all these great people, great fans, oh look, we are in Berlin, isn't it fantastic?*

Die Fragen der anderen Interviewmenschen (vielleicht nicht ganz zufällig nur Frauen, alle um die vierzig) schrappen an Themen, die auch mich sehr stark mit der Band verbinden. Wie war das eigentlich damals, als es noch keine Smartphones, keine Social Media gab – und perfekte Googlebarkeit keine Rolle spielte, als man seinen Bandnamen aussuchte? Wie fühlt es sich an, älter zu werden, jede Show, jeden Job hinterher viel länger in den Knochen zu spüren als früher? Wie rettet man Freundschaften über die Zeit – als Band und als Fans? Ich denke an meine Schwester, der ich gerade ein paar hektische Fotos von der Pressekonferenz geschickt hatte, auf die sie mit der einzig möglichen Reaktion – »ich sterbe!« – antwortete. Es wäre schön, wenn sie hier wäre, denke ich, und verpasse den Anfang einer Mark-Antwort, der jetzt sonderbar ins Universelle davontrudelt: »Man muss sich immer wieder daran erinnern, dass man tatsächlich am Leben ist, auf einem Planeten, in der Mitte des Weltalls!«, häselt er, die Stimme klingt in echt noch hörnchenhafter, und von Nahem sieht er noch ein kleines bisschen abgewirtschafteter aus. Vielleicht funktioniert das bei ihm umgekehrt wie bei Dorian Gray, denke ich mir, vielleicht muss er umso heftiger und schneller altern, weil irgendwo, in einem vergessenen Mädchenzimmer, immer noch dieses Poster von ihm an der Wand klebt, auf dem er auf ewig der extra niedliche, unverwitterbare Süßboy bleiben wird.

Howard lächelt mich an, seine brombeerrote Hose ist doch nicht aus Frottee, sehe ich jetzt, sondern aus sicher ebenfalls bequemem Breitcord, und ich frage jetzt auch mal was.

»Als ihr 2007 zurückkamt, war ich im Konzert sehr gerührt davon, dass ihr tatsächlich die Originalchoreografie von *Pray* getanzt habt«, sage ich.

»Huh«, sagt Gary.

Na toll, jetzt hasst er mich, weil ich ein Tanzthema angeschnitten habe. Ich stelle trotzdem die Frage, die mich immerhin so mittel interessiert: »Musstet ihr den Tanz dafür neu lernen, oder waren die Moves tatsächlich auch nach elf Jahren Pause noch in eurem Muskelgedächtnis gespeichert?«

»So war es tatsächlich«, sagt Howard, »alles noch in den Muskeln«, allerdings hätten sie 1996 diese eine Armbewegung noch ein kleines bisschen anders gemacht, und dann streckt er die Arme aus und deutet tatsächlich reflexhaft den Yoga-Jesus-Move an. Ich quieke ganz leise. »*Pray* werden wir wahrscheinlich tanzen, bis wir uns nicht mehr bewegen können«, sagt Howard. »I insist«, sage ich, und dann könnte ich eigentlich schon wieder gehen, besser kann es nicht mehr werden. Mark sagt auch noch was zu meiner Frage, manchmal sei es komisch, wenn sie die alten Choreos tanzen, weil es dann irgendwie hake, bei einem kleinen Detail, man wisse nicht genau, was man falsch mache, aber plötzlich löse sich dann der Knoten und alles sei wieder gut: »Als schaue man sich die Sache von einem anderen Planeten, einem anderen Universum aus an«, sagt er, und ich nicke, als hätte ich die geringste Ahnung, was er meint.

Weil noch Zeit ist, frage ich meinen neuen Kumpel Howard, welche Mängel er sich damals eigentlich notiert hätte, als er vor zwölf Jahren wegen seiner lädierten Lunge ein paar Konzerte aussetzen musste und sich, wie ich gelesen hatte, in jeder Show, die er verpasste, von einem versteckten Beobachtungsposten aus Notizen machte, was die anderen alles falsch machen und verbessern könnten. Howard schaut mich kurz verwundert an, ein leiser Hauch von Krokodilsfuß wabert durch den Raum, dann antwortet er, dass er es nicht mehr wüsste, dass die Liste aber sehr, sehr lang gewesen sei.

Schließlich fragt jemand doch die Frage, die ich mir lieber in meiner Fantasie beantwortet hätte:

»Gibt es eine Chance, dass *Take That* noch einmal zu fünft auf der Bühne stehen werden?«

»I think so«, sagt Gary.

»It's going to 'appen when it 'appens«, sagt Howard.

Mark lächelt und denkt wahrscheinlich an Sonne, Mond und Sterne.

Ich lächele auch und verstehe nun zumindest eine Zeile aus *The Flood* ganz genau: *The defenders of the faith we are.*

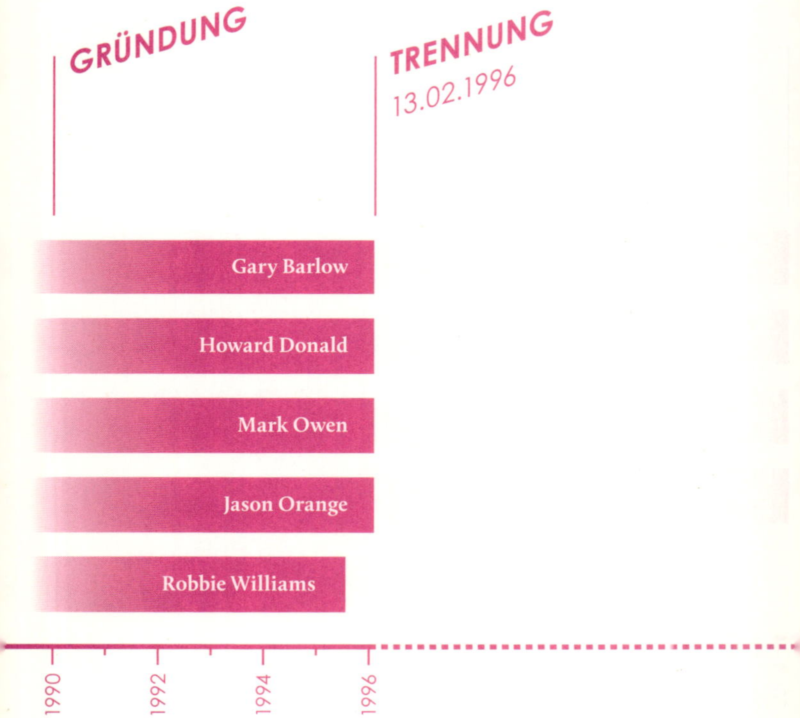
GRÜNDUNG
TRENNUNG
13.02.1996
Gary Barlow
Howard Donald
Mark Owen
Jason Orange
Robbie Williams
1990
1992
1994
1996

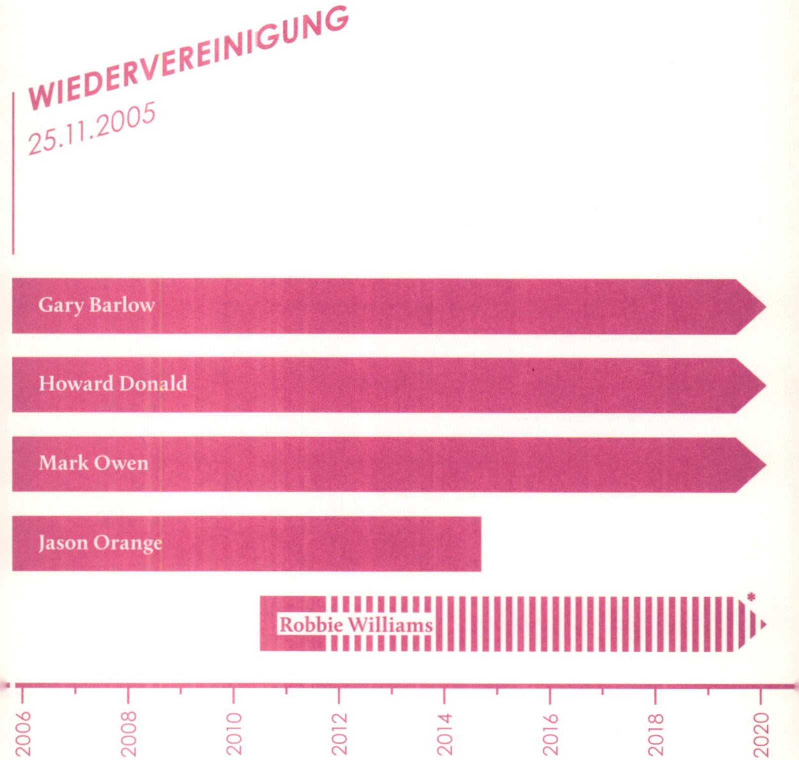

* Robbie ist offiziell noch Teil von Take That, seine Mitgliedschaft ruht derzeit

FSC
www.fsc.org
MIX
Papier aus verantwortungsvollen Quellen
FSC® C083411

Verlag Kiepenheuer & Witsch, FSC® N001512

1. Auflage 2019

Umschlaggestaltung FAVORITBÜRO, München
Gesetzt aus der Calluna und der Acre
Satz Buch-Werkstatt GmbH, Bad Aibling
Druck und Bindung CPI books GmbH, Leck
ISBN 978-3-462-05324-1

»Meine Liebe zu *Take That* gleicht eher einem neuseeländischen Langflossenaal. Sie ist langsam gewachsen und deshalb unverwüstlich«. 1996 musste Anja Rützel zweimal bitterlich weinen: um ihr eingestelltes Lieblingsmagazin *Tempo* – und um ihre aufgelöste Lieblingsband *Take That*. Aus der Trennung und der glücklichen Wiedervereinigung lernte sie dann alles über Hass und Versöhnung. Und über würdevoll cooles Erwachsenwerden im Pop und anderswo.

Anja Rützel lebt als freie Autorin in Berlin. Ihr liebstes *Take-That*-Mitglied ist Jason Orange (wegen seiner geheimnisvollen Aura und seines Kiefers).